Evo grmi glasom jakim

*„Koji sedi na nebesima,
nebesa iskonskih;
evo,
grmi glasom
jakim."*
(Psalmi 68:33)

Evo grmi glasom jakim

Dr. Džerok Li

Evo grmi glasom jakim od strane dr. Džeroka Lija
Objavile Urim knjige (Predstavnik: Johnny. H. Kim)
73, Yeouidaebang-ro 22-gil, Dongjak-gu, Seul, Koreja
www.urimbooks.com

ISBN: 979-11-263-1213-9 03230

Prvo izdanje u Septembru 2015.god.

Prethodno objavljeno u Koreji 2011.god., od strane Urim Knjiga u Seulu, Koreja

Uredio dr. Geumsun Vin
Dizajnirao urednički biro Urim Books
Za više informacija kontaktirajte: urimbook@hotmail.com

Poruka o objavljivanju

Sa nadom da će svi čitaoci primiti odgovore i blagoslove kroz prvobitan glas, koji je prepun dela stvaranja...

Postoje mnogo vrsta duša na ovoj zemlji. To su prelepi cvrkuti ptica, nevin smeh beba, navijanje mase ljudi, zvuk motora i zvuk muzike. Ovo su zvukavi koji su u opsegu zvučne frekvencije a postoje takođe i drugi zvukovi poput ultrazvuka koje ljudi ne mogu čuti.

Ako je frekvencija zvuka previše jaka ili previše slaba, mi ne možemo da je čujemo iako zaista postoji. Šta više, postoje zvukovi koje mi možemo da čujemo samo sa našim srcem. To je nešto poput glasa naše savesti. A koji bi bio najlepši i najmoćniji zvuk? To je „prvobitan glas“ koji je izgovoren od Boga Stvoritelja, koji je poreklo svega.

„Koji sedi na nebesima, nebesa iskonskih; evo, grmi glasom jakim“ (Psalmi 68:33).

„...gle, slava Boga Izrailjevog dohođaše od istoka. I glas Mu beše kao glas velike vode, i zemlja se sjaše od slave Njegove" (Jezekilj 43.2).

U početku, Bog je prekrio celi univezum kao Svetlost koja je sadržala jaki glas (1. Jovanova Poslanica 1:5). Onda, On je planirao „ljudsku kultivcaciju" da bi stekao iskrenu decu sa kojom će On moći da podeli iskrenu ljubav i počeo je da postoji kao Trojedini Bog, kao Otac, Sin i Sveti Duh. Prvobitan glas je bio u Sinu i Svetom Duhu kao što je i bio u Ocu.

Kada je došlo vreme, Trojedini Bog je progovorio prvobitnim glasom da bi stvorio nebesa i zemlju i sve stvari u njima. On je rekao: „Neka bude svetlost," „Neka se sabere voda što je pod nebom na jedno mesto, i neka se pokaže suvo," „Neka pusti zemlja iz sebe travu, bilje, što nosi seme, i drvo rodno, koje rađa rod po svojim vrstama, u kome će biti seme njegovo na zemlji," „Neka budu videla na svodu nebeskom, da dele dan i noć," „Neka vrve po vodi žive duše, i ptice neka lete iznad zemlje pod svod nebeski" (Postanak 1:3; 1:9; 1:11; 1:14; 1:20).

Prema tome, sve stvorene stvari mogle su da čuju prvobitan glas izgovoren od strane Trojedinog Boga, i povinovale su se prevazilazeći prostor i vreme. U četiri jevanđelja, čak i nežive stvari, vetar i talasi su se smirili kada je Isus progovorio prvobitnim glasom (Jevanđelje po Luki 8:24-25). Kada je On rekao paralizovanom čoveku: „Opraštaju ti se gresi" i „Ustani, uzmi odar svoj i idi doma" (Jevanđelje po Mateju 9:6), on je ustao i vratio se kući. Oni koji su posmatrali ovaj prizor bili su preplavljeni strahom i slavili su Boga koji je dao toliku vlast čoveku.

Jevanđelje po Jovanu 14:12 kaže: „Zaista, zaista vam kažem, koji veruje Mene, dela koja Ja tvorim i on će tvoriti, i veća će od ovih tvoriti; jer Ja idem k Ocu Svom." Sada, na koji način mi možemo danas da iskusimo dela prvobitnog glasa? Mi možemo da pročitamo u Delima Apostolskim da su ljudi bili iskorišćeni kao Božji instrumenti da bi manifestvovali Božju moć do te mere da su odbacili zlo iz njihovih srca da bi kultivisali svetost u sebi.

Petar je rekao čoveku koji nije mogao da hoda od rođenja da hoda u ime Isusa Hrista Nazarićanina i držao ga za ruke. Onda je čovek ustao, hodao i skakao. Kada je On rekao Taviti, koja je bila mrtva: „Ustani," ona je oživela. Kada je apostol Pavle oživeo mladog čoveka zvanog Evtih i kada su maramice i kecelja nošene sa njegovog tela bolesnima, bolest ih je napuštala i zli duhovi su ih napuštali.

Ovo delo Evo grmi glasom jakim je poslednja knjiga u seriji „Svetost i moć." Ona nam pokazuje način da iskusimo moć Božju kroz prvobitan glas. Tu je takođe i upoznavanje sa pravim delima Božje moći kako bi čitaoci mogli da primene principe u svakodnevnom životu. Ovde su takođe i „primeri iz Biblije" koji će pomoći čitaocima da razumeju duhovno kraljevstvo i principe u primanju odgovora.

Ja dajem zahvalnost Geunsum Vin, direktorki izdavačkog Biroa i osoblju i molim se u ime Gospoda da sto više ljudi dobije odgovore na molitve i blagoslove dok kušaju prvobitan glas koji manifestuje dela stvaranja.

Džerok Li

Predgovor

Uporedo sa razvitkom crkve, Bog je dozvolio da održimo „Dvonedeljne učestale posebne službe preporoda,"od 1993. godine do 2004. godine. To je bilo da Bog dozvoli članovima crkve da imaju duhovnu veru i da zavire u dimenziju dobrote, svetlosti, ljubavi i moći Božje. Kako su godine prolazile, Bog im je dozvolio da iskuse u njihovim životima moć stvaranja koja je van prostora i vremena.

Poruke koje su se propovedale na službama preporoda su sastavljene u serijama „Svetost i moć." Evo grmi glasom jakim nam govori o nekim dubokim duhovnim stvarima koje nisu široko poznate, kao što su: poreklo Boga, poreklo nebesa, dela moći koja su manifestvovana kroz prvobitan glas i kako da ih iskusimo u stvarnim životima.

Poglavlje 1, „Poreklo“ nam objašnjava o tome ko je zaista Bog, kako je On postojao i kako i zašto je stvorio ljudka bića. Poglavlje 2, „Nebesa“ objašnjava činjenicu da postoje mnoga nebesa i da je Bog vladaoc nad svim nebesima. Ono nastavlja da na potvrđuje da mi možemo da dobijemo odgovore na svaki problem ako samo verujemo u ovog Boga, kroz primer Nemana, generala vojske Sirije Arama. Poglavlje 3, „Trojedini Bog“ govori o tome zašto je prvobitan Bog rastavio prostranstvo i počeo da postoji kao Trojedini Bog i koja je uloga Svete Trojice.

Poglavlje 4, „Pravda“ raspravlja o pravdi Božjoj i kako mi možemo da dobijemo odgovore u skladu sa tom pravdom. Poglavlje 5, „Pokornost“ nam govori o Isusu koji se povinovao Božjoj reči u potpunosti i raspravlja da se mi takođe moramo povinovati Božjoj reči da bi iskusili Božja dela. Poglavlje 6, „Vera“ otkriva da iako vernici tvrde da veruju, postoji razlika u stepenu dobijanja odgovora, a takođe nas i uči da šta treba da uradimo da bi pokazali vrstu vere sa kojom ćemo u potpunosti zaslužiti poverenje Boga.

Poglavlje 7, „A vi šta mislite ko sam Ja?“ govori o načinu na koji mi možemo da dobijemo odgovore na osnovu Petrovog primera, koji je primio obećanje blagoslova kada je priznao da je Isus Gospod iz dubine njegovog srca. Poglavlje 8, „Šta hoćeš da ti učinim?" objašnjava korak po korak proces kako je slep čovek dobio njegov odgovor. Poglavlje 9, „Kako si verovao neka ti bude" pokazuje tajnu kako je kapetan dobio njegov odgovor i predstavlja slučajeve pravog života naše crkve.

Kroz ovu knjigu, ja se molim u ime Gospoda da svi čitaoci razumeju poreklo Boga i dela Trojedinog Boga i dobiju sve što su tražili kroz njihovo povinovanje i veru koja je u skladu sa pravdom, da bi mogli da daju slavu Bogu.

April, 2009. godina
Geumsun Vin,
Direktorka izdavačkog biroa

Sadržaj

Primeri iz Biblije II

Treća nebesa i prostor treće dimenzije

Primeri iz Biblije III

Moć Božja, onaj koji poseduje četvrta nebesa

Poreklo

Ako razumemo poreklo Boga
i kako je ljudska vrsta nastala,
mi možemo da ispunimo potpunu dužnost čoveka.

„U početku beše Reč, i Reč beše u Boga i Bog beše Reč.“

(Jevanđelje po Jovanu 1:1)

Danas, mnogi ljudi traže besmislene stvari zato što ne poznaju poreklo univerzuma i pravog Boga koji vlada nad njim. Oni samo rade ono što im je volja zato što ne shvataju zašto žive na ovoj zemlji-pravu nameru i vrednost života. Na kraju krajeva, oni žive životom koji se njiše kao trava zato što ne znaju o njihovom poreklu.

Međutim, mi možemo da verujemo u Boga i živimo život u ispunjavanju „potpune dužnosti" čoveka ako razumemo poreklo Trojedinog Boga i kako je nastao čovek. Sada, koje je poreklo Trojedinog Boga, Oca, Sina i Svetog Duha?

Poreklo Boga

Jevanđelje po Jovanu 1:1 nam govori o Bogu na početku, naime o poreklu Boga. Kada je ovde „početak?" To je bilo pre večnosti, kada nije postojao niko osim Boga Stvoritelja u svim prostorima univerzuma. Svi prostori univezuma se ne odnose samo na vidljiv univerzum. Pored prostora u univerzumu u kome mi živimo, nezamislivi prostrani i brojni prostori takođe postoje. U celom univerzumu uključujući i sve ove prostore, Bog Stvoritelj je sam postojao pre početka večnosti.

Zato što sve na ovoj zemlji ima ograničenja i početak i kraj, većina ljudi ne može lako da shvati koncept „pre večnosti." Sada, predpostavimo da je Bog mogao da kaže: „Na početku beše Bog," ali zašto je On rekao: „Na početku beše Reč?“ To je zato što u to vreme Bog nije imao „oblik“ ili „izgled“ kao što On sada ima.

Ljudi na ovom svetu imaju ograničenja, tako da oni uvek žele neku vrstu suštinskog oblika i izgleda za njih da bi mogli da vide ili dodirnu. Zbog toga oni prave različite idole da bi im služili. Ali kako može idol napravljen od strane ljudi da postane bog koji je stvorio nebesa i zemlju i sve stvari u njima? Kako oni mogu da postanu bogovi koji imaju kontrolu nad životom, smrti, bogatsvom i nevoljama a čak i ljudskom istorijom?

Bog je postojao kao Reč na početku, ali zato što bi ljudi trebali da prepoznaju postojanje Boga, On je stavio oblik. Tako da, kako je Bog koj je bio Reč na početku, postojao? On je postojao kao prelepa svetlost i veličanstven glas. On nije imao potrebu za imenom ili oblikom. On je postojao kao Svetlost koja je usidrila glas i vladao nad svim prostorima u univerzumu. Kao što Jevanđelje po Jovanu 1:5 govori da je Bog Svetlost, On je prekrio sve prostore u celom univerzumu sa svetlošću i usidrio je glas u njemu, a taj glas je „Reč“ koja se spominje u Jevanđelju po Jovanu 1:1.

Prvobitni Bog planira ljudsku kultivaciju

Kada je došlo vreme, Bog koji je postojao kao Reč na početku, napravio je plan. Bio je to „ljudska kultivacija.“ Jednostavno rečeno, bio je to plan da se stvore ljudi i da im dozvoli da se množe, kako bi neki istupili napred kao iskrena deca Božja koja će ličiti na Njega. Onda će njih Bog povesti u nebesko kraljevstvo i živeće srećno zauvek deleći ljubav sa njima.

Nako što je imao ovakav plan u Njegovim mislima, Bog je Njegov plan sprovodio u dela korak po korak. Prvo, On je podelio ceo univerzum. Objasniću detaljnije o prostoru u drugom poglavlju. U stvari, svi prostori su bili jedan prostor i Bog je podelio jedan celokupan prostor na manje prostore u skladu sa potrebom za ljudsku kultivaciju. I veoma važan događaj se desio nakon podele prostora.

Pre početka postojao je jedan Bog, ali Bog je počeo da postoji kao Trojedini od Oca, Sina i Svetog Duha. To je bilo kao da je Bog Otac rodio Boga Sina i Boga Svetog Duha. Iz ovog razlga, Biblija se odnosi prema Isusa kao na jedinorodnog Sina Božjeg. A Poslanica Jevrejima 5:5: „Ti si Moj Sin, Ja Te danas rodih."

Bog Sin i Bog Sveti Duh imaju isto srce i moć zato što potiču od jednog Boga. Sveto Trojstvo je isto u svemu. Iz ovog razloga, Poslanica Filipnjanima 2:6-7 govori o Isusu: „...koji, ako je i bio u obličju Božijem, nije se otimao da se uporedi s Bogom; nego je ponizio Sam Sebe uzevši obličje sluge, postavši kao i drugi ljudi i na oči nađe se kao čovek."

Slika Trojedinog Boga

Na početku, Bog je postojao kao Reč koja je bila usidrena u Svetlosti, ali poprimio je oblik Trojedinog Boga zbog ljudske kultivacije. Mi možemo da zamislimo sliku Boga ako razmišljamo o događaju gde Bog stvara čoveka. Postanak 1:26 govori: „Da Mi načinimo čoveka po Svom obličju, kao što smo Mi, koji će biti gospodar od riba morskih i od ptica nebeskih i od stoke i od cele zemlje i od svih životinja što se miču po zemlji." Ovde „Mi" se odnosi na Svetu Trojicu Oca, Sina i Svetog Duha i mi možemo da razumem da smo stvoreni po liku Trojedinog Boga.

Kaže se: „Da Mi načinimo čoveka po Svom obličju" i mi takođe možemo da razumemo koju vrstu lika Trojedini Bog ima. Naravno, stvaranje čoveka po liku Božjem ne znači samo da naša spoljašnost izgleda kao Bog. Čovek je stvoren po liku Božejm takođe i iznutra; on je bio ispunjen sa dobrotom i unutrašnjom istinom.

Ali prvi čovek Adam zgrešio je u neposlušnsti i onda je on izgubio prvi lik koji mu je bio dat kada je bio stvoren. I on se kompromitovao i postao je obojen sa grehovima i zlobom. Tako da, ako mi zaista razumemo da je naše telo i srce stvoreno po liku Božjem, mi bi trebali da povratimo izgubljeni lik Božji.

Bog je stvorio čoveka da bi okupio iskrenu decu

Nakon podele prostora, trojedini Bog počeo je da stvara potrebne stvari jednu po jednu. Na primer, On nije imao potrebu za Njegovim mestom boravka kada je postojao kao Svetlost i Glas. Ali nakon što je preuzeo oblik, Njemu je bilo potrebno mesto boravka kao i anđeli i nebeska vojska koja će Njemu da služi. Tako da je On najpre stvorio nebeska stvorenja u duhovnom kraljevstvu a onda je On stvorio stvari u univerzumu u kojem mi živimo.

Naravno, On nije stvorio nebesa i zemlju u našem prostoru odmah nakon što je stvorio sve u duhovnom kraljevstvu. Nakon što je Trojedini Bog stvorio duhovno kraljevstvo, On je živeo tamo sa nebeskom vojskom i anđelima bezgranično dugo vremena. Posle toliko dugog vremena, On je stvorio sve stvari u ovom fizičkom prostoru. I samo kada je stvorio okruženje u kome će ljudska bića moći da žive, On je stvorio čoveka po Njegovom liku.

Sada koji je razlog zašto je Bog stvorio čoveka čak i pored toliko mnogih anđela i nebeske vojske koji su mu služili? To je zato što je On želeo da stekne iskrenu decu. Iskrena deca su oni koji liče na Boga i koji mogu da dele ljubav sa Bogom. Pored nekoliko njih koji su posebni, nebeska vojska i anđeli su se bezuslovno povinovali i služili, poput robota. Ako razmišljate o roditeljima i deci, ni jedan roditelj neće voleti poniznog robota više od svoje sopstvene dece. Oni vole njihovu decu zato što samovoljno mogu da dele ljubav jedni sa drugima.

Ljudska bića sa druge strane imaju sposobnost da se povinuju i vole Boga sa njihovom sopstvenom voljom.

Naravno, ljudi ne mogu samo da razumeju srce Boga i dele ljubav sa Njim odmah po rođenju. Oni moraju da iskuse mnogo stvari kako se razvijaju, da bi mogli da osete ljubav Božju i shvate u potpunosti dužnost ljudi. Samo ovi ljudi mogu da vole Boga sa svojim srcima i povinuju se Njegovoj volji.

Takvi ljudi ne vole Boga zato što su prisiljeni da to čine. Oni se ne pokoravaju rečima Božjim zbog straha od kazne. Oni jednostavno vole Boga i daju Njemu zahvalnost svojom sopstvenom voljom. A stav kao ovaj, ne menja se. Bog je planirao ljudsku kultivaciju da bi stekao iskrenu decu sa kojom će On moći da podeli ljubav, dajući i primajući iz srca. Da bi se ovo dogodilo, On je stvorio prvog čoveka Adama.

Poreklo čoveka

Sada, koje je poreklo čoveka? Postanak 2.7 govori: „A stvori GOSPOD Bog čoveka od praha zemaljskog, i dunu mu u nos duh životni; i posta čovek duša živa." Tako da, ljudi su posebna bića koja prevezilaze sve stvari koje Darvinova evolucija izjavljuje. Ljudska bića nisu evoluirala od nižih bića i došla do današnjeg nivoa. Ljudi su stvoreni po liku Božjem i Bog je udahnuo dah života u njih. Ovo znači da su oba i duh i telo došli od Boga.

Prema tome, ljudi su duhovna bića koja su došla od gore. Mi ne treba da mislimo o sebi da smo malo naprednije životinje u odnosu na druge životinje. Ako pogledamo na fosile koji su prisutni kao dokazi evolucije, ne postoje posredni fosili koji mogu da se povezuju sa drugim vrstama. Međutim sa druge strane, postoje mnogo više dokaza o stvaranju.

Na primer, celo čovečanstvo ima par očiju, dva uveta, jedan nos i jedna usta. I smešteni su svi na jednom mestu. A to nije samo čovečanstvo. Sve vrste životinja takođe imaju približno istu strukturu. Ovo je dokaz da su sva živa bića napravljena od jednog Stvoritelja. Pored ovoga, činjenica da sve stvari funkcionišu u savršenom redu, bez ijedne greške, je dokaz Božjeg stvaranja.

Danas, mnogi ljudi misle da su evoluirali od životinja i prema tome ne shvataju odakle potiču i zašto ovde žive. Ali jednom kada shvatimo da smo sveta bića koja su stvorena po liku Božjem, mi možemo da razumemo ko je naš Otac. Onda, mi ćemo sasvim prirodno pokušati da živimo po Njegovoj Reči i ličićemo na Njega.

Mi možda mislimo da je naš otac fizički otac. Ali ako nastavimo da idemo dalje, prvi fizički otac je prvi čovek Adam. Tako da, mi možemo da razumemo da je naš pravi Otac u stvari Bog koji je stvorio ljudska bića. Prvobitno, seme života je takođe dato od Boga. U ovom smislu, naši roditelji su samo pozajmili njihova tela kao instrumenti za ona semena koja treba da se iskombinuju da bi mi mogli da budemo začeti.

Seme života i začetak

Bog je dao seme života. On je dao spermu muškarcima i jajnike ženama kako bi mogli da izrode decu. U tom smislu, ljudi ne mogu da izrode decu sa njihovim sopstvenim sposobnostima. Bog je njima dao seme života kako bi mogli da rađaju.

Seme života sadrži moć Božju koje može da napravi ljudima sve organe. Ono je toliko malo da bi bilo vidno golim okom, ali osobine, izgled, navike i životna snaga su sakupljene u njemu. Tako da, kada se rode deca, ona ne preuzimaju samo izgled već takođe i osobine od svojih roditelja.

Ako ljudi imaju tu sposobnost da rađaju, zašto onda postoje parovi koji se bore da dobiju decu? Koncepcija isključivo pripada Bogu. Danas, oni na klinikama vrše veštačke oplodnje, ali oni nikada ne mogu da stvore spermu i jajnike. Moć stvaranja striktno pripada Bogu.

Mnogi vernici, ne samo u našoj crkvi već i u drugim zemljama, iskusili su ovu moć Božjeg stvaranja. Postoje mnogi parovi koji nisu dugo vremena mogli da imaju decu, čak i više od 20. godina. Oni su probali sve raspoložive metode ali bez rezultata. Ali nakon primanja moje molitve, mnogi od njih su rodili zdravu decu.

Pre nekoliko godina, par koji je živeo u Japanu došao je na službu preporoda ovde i primili su moju molitvu. Oni ne samo da su bili isceljeni od bolesti već su takođe i dobili blagoslov začeća. Takve vesti su se raširile i mnogi ljudi iz

Japana su dolazili da prime moju molitvu. Oni su takođe primili blagoslov začeća u skladu sa njihovom verom. Ovo je na kraju dovelo do toga da se ogranak crkve ustanovi u toj oblasti.

Svemogući Bog Stvoritelj

Danas, mi možemo da vidimo usvršenu medicinsku nauku, ali stvaranje života može da bude moguće samo uz moć Božju, vladaoca svih života. Kroz Njegovu moć, oni koji su izdahnuli poslednji dah vraćeni su u život; oni kojima je određena smrt u bolnici bili su isceljeni; mnoge neizlečive bolesti koje ni medicina ne može da izleči, bile su isceljene.

Prvobitan glas izgovoren od Boga može da stvori nešto ni od čega. On može da manifestuje dela moći sa kojom ništa nije nemoguće. Poslanica Rimljanima 1.20 kaže: „Jer šta se na Njemu ne može videti, od postanja sveta moglo se poznati i videti na stvorenjima, i Njegova večna sila i božanstvo, da nemaju izgovora." Samo gledajući na sve ove stvari, mi možemo da vidimo moć i božansku prirodu Boga, Stvoritelja koji je poreklo svih stvari.

Ako ljudi pokušavaju da shvate Boga u okviru njihovog sopstvenog znanja, oni će svakako imati ograničenja. Zbog toga mnogi ljudi ne veruju rečima zapisanim u Bibliji. Takođe, neki govore da veruju ali u stvari ne veruju u potpunosti u sve reči iz Biblije. Zato što je Isus znao ovu situaciju ljudi, On je potvrdio reč koju je propovedao sa mnogim moćnim delima. On je rekao: „Ako ne vidite znaka i čudesa, ne verujete“ (Jevanđelje po Jovanu 4:48).

Isto je i danas. Bog je svemoguć. Ako mi verujemo u ovog svemogućeg Boga i u potpunosti se oslonimo na Njega, svaki problem može da bude rešen i svaka bolest može da bude isceljena.

Bog je počeo da stvara sve stvari sa Njegovom Rečju rekavši: „Neka bude svetlost.“ Kada je izgovoren prvobitan glas Stvoritelja Boga, slepi će progledati a oni koji su u invalidskim kolicima i na štakama će hodati i skakati. Ja se nadam da ćete vi dobiti odgovore na sve vaše molitve i želje sa verom kada prvobitan glas Božji bude izgovoren.

Emanuel Maralano Jipen (Emmanuel MarallanoYaipen (Lima, Peru))

Oslobođen straha od Side (AIDS)

Imao sam lekarski pregled da bi se pridružio vojsci 2001. godine i rečeno mi je: „Pozitivan si na Sidu." To su bile u potpunosti neočekivane vesti. Osećao sam se prokletim.

Nisam smatrao učestalu dijareju ozbiljno.

Samo sam seo na stolicu i osećao sam se bespomoćno.

„Kako majci da kažem za ovo?"

Bio sam u bolovima ali moje srce je bilo slomljeno još i više dok sam razmišljao o majci. Imao sam proilive još češće i gljivice na ustima i prstima. Moj strah od smrti obuzimao me sve jače malo po malo.
Ali onda sam čuo da moćni sluga Božji iz Severne Koreje dolazi u Peruu u decembru 2004. godine. Ali nisam mogao da poverujem da

moja bolest može da bude izlečena.
Odustao sam, ali moja baka mi je uporno naređivala da posetim pohod. Na kraju sam otišao u „Campo de Marte“ gde je održan „Ujedinjeni pohod sa sveštenikom dr. Džerokom Lijem“ 2004. godine u Peruu. Želeo sam da zadržim ovu poslednju nadu.
Moje telo je već bilo ushićeno zbog moći Svetog Duha dok sam slušao poruku. Dela Svetog Duha koja su manifestvovana bila su serije čuda.

Sveštenik dr. Džerok Li se nije molio za svakog ponaosob, već se samo molio za celokupnu masu ljudi. I ipak mnogi ljudi su svedočili da su bili isceljeni. Mnogi ljudi su ustali iz invalidskih kolica i bacali njihove štake. Mnogi su se radovali zato što su njihove nizlečive bolesti bile isceljene.
Čudo se takođe i meni dogodilo. Otišao sam u kupatilo nakon što se završio pohod i po prvi put posle dugo vremena mogao sam sasvim normalno da mokrim. Moja dijareja je prestala za dva i po meseca.

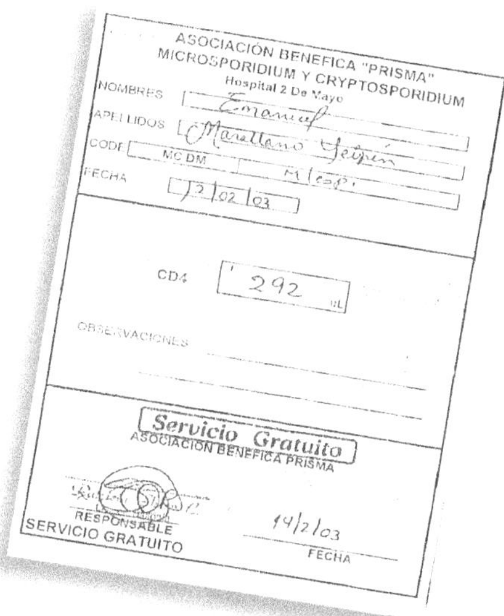

ASOCIACIÓN BENEFICA "PRISMA"
MICROSPORIDIUM Y CRYPTOSPORIDIUM
Hospital 2 De Mayo

NOMBRES
APELLIDOS
CODE MC DM
FECHA 12/02/03

CD4 292 uL

OBSERVACIONES

Servicio Gratuito
ASOCIACIÓN BENEFICA PRISMA

RESPONSABLE
SERVICIO GRATUITO

14/2/03
FECHA

Moje telo je osetilo toliko olakšanje. Bio sam siguran da sam izlečen i otišao sam u bolnicu. Dijagnoza je pokazivala da su se imune ćelije CD4 toliko drastično uvećale da su bile u normali.

Sida je neizlečiva bolest i moderno je nazvana tamna smrt. HIV nastavlja da uništava imune ćelije CD4. Ovo vodi do izuzetno niskog rada imunog sistema što će uzrokovati druge komplikacije, a na kraju i smrt.
CD4 imune ćelije su umirale i bilo je zaista neverovatno da su se oporavile uz molitvu sveštenika dr. Džeroka Lija.

Odlomak iz Izvanredne stvari

Nebesa

"Prvobitan Bog boravi na četvrtom nebu,
vlada nad svim nebesima,
prvom nebu, drugom nebu,
i trećem nebu."

„Ti si Sam GOSPOD, Ti si stvorio nebo, nebesa nad nebesima i svu vojsku njihovu, zemlju i sve što je na njoj, mora i sve što je u njima. Ti oživljavaš sve to, i vojska nebeska Tebi se klanja.“

(Nehemija 9:6)

Bog je iznad ljudskih ograničenja. On postoji pre početka večnosti kroz večnost. Svet u kojem živi je u prostoru gde se dimenzije u potpunosti razlikuju od ovoga sveta. Vidljiv svet u kojem ljudi žive je u fizičkom kraljevstvu a prostor u kojem Bog boravi je duhovno kraljevstvo. Duhovno kraljevstvo svakako postoji, ali samo zato što nije vidno sa fizičkim očima, ljudi pokušavaju da poreknu njegovo postojanje.

Izvesni astronaut je u prošlosti rekao: „Putovao sam kroz univerzum ali Bog nije bio tamo." Koliko je glupa ova primedba! On smatra da je vidljiv univerzum sve što postoji. Ali čak i astronauti su samo mogli da kažu da je ovaj vidljiv univerzum bezgraničan. A koliko je samo ovaj astronaut od ovog ogromnog univerzuma video da je mogao da porekne postojanje Boga? Dok imamo ljudska ograničenja, mi ne možemo čak ni da objasnimo sve stvari samo u univerzumu u kojem živimo.

Više nebesa

Nehemija 9:6 kaže: „Ti si Sam GOSPOD, Ti si stvorio nebo, nebesa nad nebesima i svu vojsku njihovu, zemlju i sve što je na njoj, mora i sve što je u njima. Ti oživljavaš sve to, i vojska nebeska Tebi se klanja." Govori nam da ne postoje samo jedno nebo već mnoga nebesa.

Onda, koliko u stvari ima nebesa? Ako vi verujete u nebesko kraljevstvo, vi ćete verovatno misliti o dva neba. Jedno je nebo u ovom fozičkom kraljevstvu a drugo je nebesko kraljevstvo koje je na nebu duhovnog kraljevstva. Ali Biblija spominje veći broj nebesa na mnogim mestima.

„Koji sedi na nebesima, nebesa iskonskih; evo, grmi glasom jakim“ (Psalmi 68:33).

„Ali hoće li doista Bog stanovati na zemlji? Eto, nebo i nebesa nad nebesima ne mogu Te obuhvatiti, a kamoli ovaj dom što ga sazidah!“ (1. Knjiga Kraljevima 8:27)

„Znam čoveka u Hristu koji pre četrnaest godina - ili u telu ne znam, ili osmi tela, ne znam, Bog zna - bi odnesen do trećeg neba“ (2. Korinćanima Poslanica 12:2).

To što je apostol Pavle odveden na treće nebo govori nam da postoji prvo, drugo i treće nebo, a takođe mogu postojati još neba.

Takođe, Stefan je rekao u Delima Apostolskim 7:56: „Evo vidim nebesa otvorena i Sina Čovečijeg gde stoji s desne strane Bogu.“ Ako su otvorene oči ljudi, oni mogu da vide duhovno kraljevstvo i shvate postojanje nebeskog kraljevstva.

Danas, čak i naučnici tvrde da postoje više neba. Jedan od vodećih naučnika po ovom pitanju je Maks Tigmark (Max Tegmark), koji je predstavio koncept četiri nivoa multikosmosa.

U osnovi se govori da je, zasnovano na kosmologičkim posmatranjima, naš univerzum deo celog univerzuma u kojem postoje više univerzuma, a svaki od univerzuma može da ima drugačije fizičke karakteristike.

Različite fizičke karakteristike znači da se karakteristike o vremenu i prostoru mogu uveliko razlikovati. Naravno, nauka ne može da objasni sve o duhovnom kraljevstvu. Međutim, čak i sa naučnim pristupom, mi možemo makar da imamo uvid u činjenicu da naš univerzum nije sve što tu postoji.

Prvo nebo i drugo nebo

Više nebesa mogu biti svrstana uopšteno u dve pod-kategorije. Postoji nebo u duhovnom kraljevstvu koje nije vidljivo za naše oči i nebo u fizičkom kraljevstvu u kojem mi živimo. Fizički univerzum u kojem mi živimo je prvo nebo i oblik drugog neba po spoljašnosti je duhovno kraljevstvo. Na drugom nebu je oblast svetlosti gde je smešten Edemski vrt i oblast tame gde borave zli duhovi.

Poslanica Efežanima 2.2 govori da su zli duhovi „prinčevi moći u vazduhu“ a ovaj „vazduh“ pripada drugom nebu. Postanak 3:24 nam govori da je u istočnom delu Edemskog vrta smešten heruvim sa vatrenim mačem koji se okreće u svim pravcima kako bi čuvao put ka drvu života.

„I izagnav čoveka postavi pred vrtom edemskim heruvima s plamenim mačem, koji se vijaše i tamo i amo, da čuva put ka drvetu od života.“

Sada, zašto ih je Bog smestio na istoku? To je zato što je „istok“ kao granica između sveta zlih duhova i Edemskog vrta koji pripada Bogu. Bog je smestio Edemski vrt da bi sprečio zle duhove od njihovog prodiranja u Vrt, i da bi ih sprečio da jedu sa drveta života i da bi stekli večni život.

Pre nego što je jeo sa drveta spoznaje dobra i zla, Adam je imao vlast koju je on primio od Boga da vlada nad Edemskim vrtom i nad svim stvarima na prvom nebu. Ali Adam je bio izbačen iz Vrta zato što se nije povinovao Reči Božjoj i jeo je sa drveta spoznaje. Od tada pa nadalje, neko drugi je morao da čuva Edemski vrt gde je drvo bilo smešteno. Zbog toga je Bog umesto Adama postavio heruvima i vatreni mač koji se okretao na sve strane da bi čuvao Vrt.

Edemski vrt

U Postanku u poglavlju 2, nakon što je Bog stvorio Adama od prašine sa ove zemlje, On je stvorio vrt u Edemu i doveo je Adama na to mesto. Adam je bio „živo biće" ili „živi duh." On je bio duhovno biće koje je dobilo dah života od Boga. Zbog toga je Bog doveo njega na drugo nebo, koje duhovni prostor, da bi tamo živeo.

Bog je njega takođe blagoslovio da vlada i upravlja nad svim, dok putuje ka Zemlji na prvom nebu. Ali nakon što je Adam zgrešio svojom nepokornošću prema Bogu, njegov duh je umro i više nije mogao da živi u duhovnom prostoru. Zbog toga je on izbačen na Zemlju.

A oni koji ne veruju u ovu činjenicu još uvek pokušavaju da pronađu Edemski vrt na Zemlji. To je zato što ne shvataju da je Edemski vrt smešten na drugom nebu, duhovnom kraljevstvu i nije na ovom fizikom svetu.

Piramide u Gizi, u Egiptu, jedne od svetskih čuda su toliko osmišljene i velike čak i do te mere da izgledaju kao da nisu izgrađene od strane ljudske tehnologije. Prosečna težina svakog komada kamena je 2,5 tone. I 2,3 miliona delova kamena čine piramidu. Odakle su pribavili svo to kamenje? Takođe, koju vrstu oruđa su oni koristili da bi ih napravili u to vreme?

Onda, ko je izgradio ove piramide? Na pitanje može se lako odgovoriti ako razumemo mnoga nebesa i duhovni prostor. Više detalja je objašnjeno u knjizi Postanka. Sada, nakon što je Adam izbačen iz Edemskog vrta zbog njegove nepokornosti, ko živi u Edemskom vrtu?

U Postanku 3:16, Bog je rekao Evi nakon što je počinila greh: „Tebi ću mnoge muke zadati kad zatrudniš, s mukama ćeš decu rađati." „Mnogo" znači da je postojala vrsta bola prilikom rađanja a od sada će taj bol biti uvećan. Takođe, Postanak 1:28 nam govori da su se Adam i Eva razmnožavali, što znači da je Eva rađala dok je živela u Edemskom vrtu.

Prema tome, broj dece koju su Adam i Eva imali u Edemskom vrtu je bio brojan. A oni su i dalje živeli tamo čak i nakon što su Adam i Eva izbačeni zbog njihovih grehova. Baš pre samog Adamovog greha, ljudi u Edemskom vrtu su mogli slobodno da putuju na Zemlju, ali napravljena su ograničenja nakon što je Adam izbačen.

Koncept vremena i prostora između prvog i drugog neba se veoma razlikuje. Takođe postoji protok vremena na drugom nebu ali nije ograničen kao i prvo nebe, naš fizički svet. U Edemskom vrtu niko ne stari niti umire. Ništa ne nestaje niti izumire. Čak i posle dugog vremena, ljudi u Edemskom vrtu ne osećaju toliko mnogo razliku u vremenu. Oni imaju osećaj kao da žive u vremenu koje ne teče. Takođe i prostor u Edemskom vrtu je bezgraničan.

Da ljudi ne umiru u prvom nebu, jednog dana bio bi prepun ljudi. Ali zato što drugo nebo ima neograničen prostor, nikada neće biti prepuno ljudima bez obzira kolio se ljudi rađa.

Treće nebo

Postoji još jedno nebo koje pripada duhovnom kraljevstvu. To je treće nebo, gde je nebesko kraljevstvo smešteno. To je mesto gde će spašena deca Božja živeti večno. Apostol Pavle je primio jasno otkrivanje i vizije od Gospoda i on je rekao u 2. Korinćanima Poslanici 12:2-4: „Znam čoveka u Hristu koji pre četrnaest godina - ili u telu ne znam, ili osmi tela, ne znam, Bog zna - bi odnesen do trećeg neba. I znam za takvog čoveka - ili u telu, ili osim tela, ne znam, Bog zna - da bi odnesen u raj, i ču neiskazane reči kojih čoveku nije slobodno govoriti."

Baš kao što i postoji glavni grad i drugi manji gradovi, čak i mala mesta, takođe postoje i mnoga mesta boravka u nebeskom kraljevstvu počevši od grada Novog Jerusalima, gde je Božji presto smešten pa do Raja koji može da se smatra periferijom nebeskog kraljevstva. Naša mesta boravka će se razlikovati od toga koliko smo voleli Boga i do te mere koliko smo kultivisali srca od istine i povratili izgubljeni lik Božji na ovoj zemlji.

Treće nebo ima čak i manja ograničenja vremena i prostora za razliku od drugog neba. Ono ima večno vreme i neograničen prostor. Veoma je teško za ljudska bića, koji žive na prvom nebu, da shvate prostor i vreme nebeskog kraljevstva. Hajde da pomislimo na balon. Pre nego što ga naduvate, površina i zapremina balona je ograničena. Ali drastično može da se promeni u zavisnosti od količine vazduha koji u njega duvate. Prostor u nebeskom kraljevstvu je sličan. Kada mi gradimo kuću na zemlji, nama je potrebno parče zemlje i prostor na kome možemo da stvaramo na toj zemlji je ograničen. Ali u prostoru na trećem nebu, kuće mogu da budu izgrađene na veoma drugačiji način nego ovde na zemlji zbog sadržine vazduha, zapremine, dužine, ili visine koja je iznad onih na ovoj zemlji.

Četvrto nebo, Božje mesto boravka

Četvrto nebo je prvobitan prostor gde je Bog postojao pre početka, pre nego što je On podelio celi univerzum na više nebesa. Na četvrtom nebu, beznačajno je koristiti koncepciju vremena i prostora. Četvrto nebo prevazilazi svako koncept vremena i prostora i na tom mestu sve što Bog poželi u Njegovim mislima biće odmah učinjeno.

Vaskrsli Gospod se pojavio pred Njegovim učenicima koji su se plašili Jevreja i koji su se krili u kućama gde su vrata bila zaključana (Jevanđelje po Jovanu 20:19-29). On se pojavio na sred kuće čak iako niko nije za Njega otvorio vrata. On se takođe pojavio niodkuda Njegovim učenicima koji su bili u Galileji i jeo je sa njima (Jevanđelje po Jovanu 21:1-4). On je bio na ovoj zemlji četrdeset dana i uzdigao se na Nebesa kroz oblake i pred mnogih ljudi. Mi možemo da vidimo da je vaskrsli Isus Hrist mogao da prelazi fizički prostor i vreme.

Onda, koliko će još više biti stvari u četvrtom nebu gde će prvobiran Bog boraviti? Baš kao što je On gajio i upravljao nad celokupnim prostorima u univerzumu dok je postojao kao Gospod koji je od glasa, On vlada nad svim u prvom nebu, drugom nebu i trećem nebu dok boravi na četvrtom nebu.

Bog Stvoritelj, Svemogući

Ovaj svet gde ljudska bića žive je veoma mala mrlja u upoređivanju sa drugim prostranim i misterioznim nebesima.

Na zemlji, ljudi rade sve što najbolje mogu da bi živeli boljim životom i prolaze kroz razne vrste nevolja i teškoća. Za njih stvari na ovoj zemlji su toliko složene i teške za rešavanje, ali niko od njih ne predstavlja probleme Bogu.

Pretpostavimo da čovek posmatra svet mrava. Ponekad mravi imaju velike teškoće dok nose hranu. Ali čovek lako može da stavi hranu u mravinjak. Ako se mrav susretne sa prevelikom barom koju ne može da pređe, čovek može da ga uzme u ruku i prebaci mrava na drugu stranu zemlje. Ma koliko da je veliki svaki problem za mrava, mala je stvar za čoveka. Slično tome, uz pomoć Svemogućeg Boga, ništa ne predstavlja problem.

Stari Zavet svedoči o svemogućnosti Božjoj mnogo puta. Uz svemoguću pomoć Božju, Crveno more je podeljeno i poplava reke Jordan je zaustavljena. Sunce i mesec su se zaustavili a kada je Mojsije udario o kamen sa njegovim štapom, voda je potekla iz njega. Ma koliko da čovek ima veliku moć ili bogatstvo i koliko znanja da ima, da li on može da razdvoji more i zaustavi sunce i mesec? Ali Isus je rekao u Jevanđelju po Marku 10:27: „Ljudima je nemoguće, ali nije Bogu: jer je sve moguće Bogu."

Novi Zavet takođe predstavlja mnogo slučajeva gde su bolesni i nemoćni bili isceljeni i potpuni i gde su čak i mrtvi vraćeni u život uz moć Božju. Kada su maramice ili kecelje koje je dodirnuo Pavle nošene bolesnima, bolest je nestala i zli duhovi su se udaljili.

Svemogući Bog prevazilazi ljudska ograničenja

Čak i danas, ako mi možemo samo da dobijemo pomoć moći Božje, ništa neće biti problem. Čak i naizgled nejteži problemi više neće biti problem. I ovo je dokazano svake nedelje u crkvi u kojoj ja služim. Mnoge neizlečive bolesti uključujući i Sidu su bile isceljene kako su vernici slušali Reč Božju na službama bogosluženja i primili molitvu isceljenja.

Ne samo u Južnoj Koreji već takođe i mnogi ljudi širom sveta su iskusili neverovatna dela isceljenja koja su zapisana u Bibliji. Takva dela je jednom izveštavao CNN. Osim toga, mi imamo i pomoćne pastore koji se mole sa maramicama na kojima sam se ja molio. Kroz ove molitve, neverovatna dela božanstvenog isceljenja se su dogodila prevazilazeći rasu i kulturu.

Što se i mene takođe tiče, svi moji životni problemi su bili rešeni nakon što sam sreo Boga Stvoritelja. Toliko mnogo bolesti me je prekrilo da sam dobio nadimak „robna kuća bolesti." U mojoj porodici nije bilo mira. Nisam mogao da vidim ni tračak nade. Ali ja sam bio isceljen od svih mojih bolesti u momentu kada sam kleknuo u crkvi. Bog me je blagoslovio i vratio sam sva dugovanja dužnicima. Oni su bili toliko veliki da je bilo nemoguće da ih vratim za ceo život, ali vraćeni su u samo nekoliko meseci. Moja porodica je povratila radost i sreću. Iznad svega, Bog mi je dao poziv da postanem pastor i dao mi je Njegovu moć da spasim mnoge duše.

Danas mnogi ljudi govore da veruju u Boga, ali postoji samo nekoliko njih koji žive sa iskrenom verom. Ako oni imaju problem, mnogi od njih se oslanjaju na ljudske načine umesto da zavise od Boga. Oni su frustrirani i obeshrabljeni kada njihovi problemi nisu rešeni sa njihovim načinima. Ako se razbole, oni ne gledaju ka Bogu, već se oslanjaju na doktore u bolnici. Kada se susreću sa nevoljama u njihovom poslovanju, oni na sve strane traže pomoć.

Neki se vernici žale Bogu ili gube veru zbog njihovih

fizičkih nevolja. Oni postaju nestabilni u njihovoj veri ili gube ispunjenost ako su proganjani ili kada očekuju neki gubitak zato što su hodali uspravno. Međutim, da su verovali da je Bog stvorio sva nebesa i da je On učinio sve mogućim, svakako oni ne bi to uradili.

Bog je stvorio sve unutrašnje organe u ljudskim bićima. Jel postoji neka vrsta ozbiljne bolesti koju Bog ne može da isceli? Bog je rekao: „Moje je srebro i Moje je zlato" (Agej 2:8). Zar ne može On da načini Njegovu decu bogatim? Bog može sve da učini, ali ljudi se osećaju obeshrabljeno ili potrešeno i udaljavaju se od istine zato što ne veruju Svemogućem Bogu. Ma koliki problem da neko ima, on može da ga reši u bilo koje vreme ako zaista veruje Bogu iz njegovog srca i osloni se na Njega.

Susresti se sa svemogućim Bogom Stvoriteljom

Priča o komandantu Nemanu u 2. Knjizi Kraljevima u poglavlju 5, uči nas na koji način možemo da dobijemo odgovore na naše probleme od Svemogućeg Boga. Neman je bio komandant vojske Sirije ali ništa nije mogao da uradi zato što je imao lepru.

Jednog dana je čuo od jevrejske služavke o moći Božjoj koju je prorok Jelisej Izraela izvodio. On je bio bezbožnik koji nije verovao u Boga, ali nije zanemarivao reči male devojčice zato što je imao dobro srce. On je pripremio vredne ponude da bi se sreo sa Jelisejom, čovekom Božjim i pošao je na dugačak put.

Ali kada je došao u dom Jeliseja, prorok niti se pomolio za njega niti mu je poželeo dobrodošlicu. Sve što je prorok uradio jeste da je preko sluge poslao poruku da opere njegovo telo u reci Jordan sedam puta. On se na početku osećao uvređeno, ali to nije blo mnogo pre nego što je promenio mišljenje i povinovao se. Iako nisu niti dela niti reči Jelisejove imale smisla po njegovom načinu razmišljanja, on je poverovao i povinovao se zato što je prorok Božji koji je izvodio uz moć Božju izgovorio reči.

Kada je Neman sebe potopio u reci Jordan sedam puta, njegova leproza je bila čudesno i u potpunosti isceljena. Ovde, šta potapanje njegovog tela u reci Jordan simbolizuje? Voda je Reč Božja. To znači da jednom mogu biti oprošteni grehovi ako očisti prljave stvari iz srca sa Rečju Božjom, kao što je on očistio njegovo telo sa vodom. Zato što broj sedam stoji za savršenstvo, utapanje sedam puta označava da je njemu u potpunosti oprošteno.

Kao što je objašnjeno, da bi mi ljudi mkogli da dobijemo odgovore od svemogućeg Boga, prolaz za komunikaciju mora biti otvoren između nas i Boga kad nam je oprošteno od naših grehova. U Isaiji 59:1-2 kaže se: „Gle, nije okraćala ruka GOSPODNJA da ne može spasti, niti je otežalo uho Njegovo da ne može čuti. Nego bezakonja vaša rastaviše vas s Bogom vašim, i gresi vaši zakloniše lice Njegovo od vas, da ne čuje."

Ako nismo poznavali Boga i nismo prihvatili Isusa Hrista, mi moramo da se pokajemo zato što nismo prihvatili Isusa Hrista (Jevanđelje po Jovanu 16:9). Bog govori da smo mi ubice ako mrzimo našu braću (1. Jovanova Poslanica 3:15), i mi treba da se pokajemo zato što nismo voleli našu braću. Jakovljeva Poslanica 4:2-3 govori: „Želite i nemate; ubijate. Zavidite, i ne možete da dobijete; borite se i vojujete. I nemate, jer ne ištete. Ištete, i ne primate, jer zlo ištete, da u slastima svojim trošite." Prema tome, mi moramo da se pokajemo moleći se sa pohlepom i moleći se sa sumnjom (Jakovljeva Poslanica 1:6-7).

Šta više, ako nismo Reč Božju primenili u praksi dok smo priznavali našu veru, mi moramo u potpunosti da se pokajemo. Mi ne treba samo da kažemo da nam je žao. Mi moramo da pokidamo naša srca dok prolivamo suze sa slinavim nosem. Naše pokajanje može da se smatra iskrenim kajanjem samo kada imamo čvrstu odluku da živimo po Reči Božjoj i kada je u stvarnosti praktikujemo.

Knjiga Ponovljenog Zakonika 32:39 kaže: „Vidite sada da sam Ja, Ja sam, i da nema Boga osim Mene. Ja ubijam i oživljujem, ranim i isceljujem, i nema nikoga ko bi izbavio iz Moje ruke." Ovo je Bog u koga mi verujemo.

Bog je stvorio sva nebesa i sve stvari u njima. On poznaje sve naše situacije. On je dovoljno moćan da odgovori na sve naše molitve. Ma koliko da je očajna ili depresivna situacija za ljude, On može da preokrene sve u našoj okolini kao kada se baca novčić. Prema tome, ja se nadam da ćete vi doboti odgovore na vaše molitve i na želje srca dok imate iskrenu veru u kojoj ćete se osloniti samo na Boga.

Dr.Vitali Fišberg (VitaliyFishberg, Nju Jork, SAD (New York City, United States)).

Na sceni čuda

Pre nego što sam diplomirao u Moldavijskoj medicinskoj školi, bio sam urednik medicinskog časopisa „Vaš porodični lekar," koji je poznat u Moldaviji, Ukrajini, Rusiji i Belorusiji. 1997. godine preselio sam se u SAD. Imam doktorate iz Naturopatije, filozofije u Kliničkoj ishrani, Integrativnoj medicini, doktorat iz Alternativne medicine, doktorat iz Ortomolakularne medicine i honorarno doktorat iz Prirodno zdravstvenih nauka. Kada sam došao u Nju Jork posle mog školovanja, ubrzo sam postao veoma poznat u Ruskoj zajednici i u mnoge novinske kuće su objavljivale moje članke svake nedelje. U 2006. godini, čuo sam da će se održati veliki hrišćanski pohod u Medison Skver Gardenu (Madison Square Garden). Imao sam priliku da se susretnem sa delegacijom Manmin crkve i kroz njih samo osetio moć Svetog Duha. Dve nedelje kasnije posetio sam pohod.

Sveštenik dr. Džerok Li se pomolio za posetioce nakon što je propovedao o Isusu koji je naš Spasitelj. „Gospode, isceli ih! Oče, Bože, ako poruka koju propovedam nije tačna, ne dozvoli mi da izvodim bilo koja moćna dela večeras! Ali ako je istina, dozvoli da što više duša vidi dokaz živog Boga. Neka hromi prohodaju! Dozvoli

gluvima da čuju! Sve neizlečive bolesti, nek budu spaljene vatrom Svetog Duha i nek budu zdravi!"
Bio sam šokiran kada sam čuo takvu molitvu. Šta ako se ni jedno božansko isceljenje ne dogodi? Kako može toliko samouvereno da se moli? Ali neverovatne stvari su se već događale čak i pre nego što je molitva bila završena. Ljudi koji su patili od zlih duhova bili su oslobođeni. Mutavi su progovorili. Slepi su progledali. Toliko ljudi je svedočilo da je njihovo oštećenje sluha isceljeno. Mnogi ljudi su ustali iz invalidskih kolica i bacali njihove štake. Neki od njih su svedočili da su isceljeni od Side.
Kako je pohod napredovao, Božja moć se sve više prikazivala. Doktori Svetske hrišćanske doktorske mreže (WCDN), koji su došli iz mnogih zemlja, postavili su sto da bi primili svedočenja. Oni su pokušavali da medicinski potvrde svedočenja, a na kraju, ponestalo je lekara koji bi zapisivali sva svedočenja ljudi o njihovom isceljenju!

Nubia Kano (Nubia Cano), 54. godina stara žena živela je u Kvinsu i kojoj je dijagnostikovan rak na kičmi 2003. godine. Ona nije mogla niti da se pomera niti da hoda. Ona je provela svo vreme u krevetu a mučni bolovi su je prisiljavali da uzima inekcije morfijuma na svaka 2 sata. Lekar joj je rekao da više neće moći da hoda.
Kada je prisustvovala događaju „Pohod 2006. godine u Nju Jorku sa sveštenikom dr. Džerokom Lijem" sa prijateljicom, ona je videla da su mnogi ljudi primili Božje isceljenje i počela je da gaji nadu. Kada je ona primila molitvu sveštenika Lija, ona je osetila toplinu u njenom telu i osetila je kao da joj neko masira leđa. Bol u leđima je nestao i još od pohoda, ona je mogla da hoda i da se savije u struku! Njen doktor je prosto bio zapanjen kada je video - neko ko više nikada neće moći da hoda-sada slobodno hoda. Ona čak i može da pleše uz zvuke merenge.

Maksimilija Rodrigez (Maximillia Rodriguez) živi u Bruklinu i ima veoma slab vid. Ona je nosima kontaktna sočiva još od 14. godine i

Lekari iz WCDN (Mreža svetskih hrišćanskih lekara) koji potvrđuju svedočenja.

naočare u poslednje dve godine. U poslednjem danu pohoda, ona je primila molitvu sveštenika dr. Džeroka Lija i odmah je shvatila da može opet da vidi bez naočara. Danas, ona može da pročita čak i najsitnija odštampana slova u njenoj Bibliji bez pomoći naočara. Njen oftamolog, nakon što je potvrdio neverovatan napredak u njenom vidu, mogao je samo da bude šokiran u tome što je video.

Medison Skver Garden, gde je pohod održan u Julu 2006. godine, zaista je bio scena čuda. Bio sam toliko dirnut svedočenjem moći Božje. Njegova moć me je promenila i dozvolila mi da vidim novi smer u životu. Ja sam promenio mišljenje da postanem Božji instrument da medicinski dokažem Božja isceliteljska dela i da ih pokažem širom sveta.

- Odlomak iz Izvanredne stvari-

Trojedini Bog

Bog u koga mi verujemo je jedan Bog.
Ali On u Sebi ima tri osobe:
Oca, Sina i Svetog Duha.

„Idite dakle i naučite sve narode krsteći ih va ime Oca i Sina i Svetog Duha."

(Jevanđelje po Mateju 28:19)

Trojedini Bog znači da su Bog Otac, Bog Sin i Bog Sveti Duh jedno. Bog u koga mi verujemo je jedan Bog. Ali On ima u Sebi tri osobe: Oca, Sina i Svetog Duha. I zato što su Oni jedno, mi kažemo „Trojedini Bog" ili „Bog Sveta Trojica."

Ovo je veoma važan princip za hrišćanstvo ali teško da može da postoji neko ko može to da objasni tačno i do detalja. To je zato što je veoma teško za ljude, koji imaju ograničena razmišljanja i teorije, da shvate poreklo Boga Stvoritelja. Ali do te mere da razumemo Trojedinog Boga, mi možemo da razumemo Njegovo srce i volju mnogo jasnije i primimo blagoslove i odgovore na naše molitve u komunikaciji sa Njim.

Proviđenje Božje za ljudsku kultivaciju

Bog je rekao u Izlasku 3.14: „JA SAM ONAJ ŠTO JESTE." Niko Njega nije rodio niti Ga je stvorio. On je samo postojao od početka. On je van granica ljudskog razumevanja i zamisli; On nema početak niti kraj; On jednostavno postoji od pre početka večnosti i kroz večnost. Kao što je predhodno objašnjeno, Bog je postojao samo kao Svetlost sa jakim glasom u ogromnom prostoru (Jevanđelje po Jovanu 1:1; 1. Jovanova Poslanica 1.5). Ali u određenom trenutku On je želeo da ima nekoga sa kim će On podeliti ljubav, i On je planirao ljudsku kultivaciju da bi stekao iskrenu decu.

Da bi upravljao ljudskom kultivacijom, Bog je najpre podelio prostor. On je podelio prostor na duhovni prostor i na fizički prostor gde će ljudi sa fizičkim telima moći da žive. Posle toga, On je počeo da postoji kao Trojedini Bog. Prvobitan Bog počeo je da postoji u tri osobe kao Otac, Sin i Sveti Duh.

Biblija govori da je Bog Sin Isus Hrist rođen od Boga (Dela

Apostolska 13:33), a Jevanđelje po Jovanu 15:26 i Poslanica Galaćanima 4:6 kažu da je Sveti Duh takođe došao od Boga. Kao stvaranje drugog ja, Sin Isus i Sveti Duh potiču od Boga Oca. Ovo je bilo apsolutno neophodno za ljudsku kultivaciju.

Isus Sin i Sveti Duh nisu stvorenja koje je Bog stvorio, već su Oni izvorni Bog Lično. Oni su jedno po poreklu ali Oni postoje samostalno zbog ljudske kultivacije. Njihove uloge su različite ali su Oni jedno u srcu, mislima, moći i zbog toga mi kažemo da su Oni Trojedini Bog.

Priroda i poredak Trojedinog Boga

Kao i Bog Otac, Isus Sin i Sveti Duh su takođe svemogući. Takođe, Isus Sin i Sveti Duh osećaju i žele ono što Bog Otac oseća i želi. U drugom pravcu, Bog Otac oseća radost i muke Isusa Hrista i Svetog Duha. A ipak, Tri Ososbe su nezavisna tela koja imaju nezavisne osobine i Njihove uloge su takođe različite.

Sa jedne strane, Isus Sin je primio isto srce Boga Oca, ali Njegovo božanstvo je jače od Njegove dobrote. Prema tome Njegovo božansko dostojanje i pravda su mnogo izraženije. Sa druge strane, u slučaju Svetog Duha, Njegova dobrota je mnogo jača. Njegova nežnost, ljubaznost i milosne osobine su mnogo izraženije.

Kao što je objašnjeno, Bog Sin i Bog Sveti Duh su jedno u poreklu sa Bogom Ocem ali su nezavisna tela sa dobro izraženim osobinama. Njihove uloge su takođe različite u skladu sa redom. Posle Boga Oca je Sin Isus Hrist a Sveti Duh je posle Sina. On služi Sinu i Ocu sa ljubavlju.

Pravila Trojedinog Boga

Tri Osobe Svete Trojice upravljaju zajedno ljudskom kultivacijom. Svaka od Tri Osobe u potpunosti ispunjava Njegov deo, ali Oni ponekad i službuju zajedno u veoma važnim delovima ljudske kultivacije.

Na primer, Postanak 1:26 govori: „Potom reče Bog: „Da načinimo čoveka po Svom obličju;"" Mi možemo zaključiti da je Trojedini Bog stvorio ljudska bića po Njihovom obličju. Takođe, kada je Bog sišao da proveri kulu Vavilonsku, Tri Osobe su bile zajedno. Kada su ljudi počeli da grade kulu Vavilonsku sa željom da postanu kao Bog, Trojedini Bog je zbunio njihove jezike.

Kaže se u Postanku 11:7: „Hajde da Mi siđemo, i da im pometemo jezik, da ne razumeju jedan drugog šta govore." Ovde „Mi" je lična zamenica u množini i mi možemo da vidimo da su Tri Osobe Trojedinog Boga bile zajedno. Kao što je objašnjeno, Tri Osobe ponekad su činile kao jedna, ali u stvari, Oni su činili sa odvojenim ulogama kako bi proviđenje ljudske kultivacije bilo ispunjeno od početka Stvaranja pa sve do spasenja ljudskih bića. Sada, koju ulogu ima svaka ponaosob Osoba Trojedinog Boga?

Isus Sin otvara vrata spasenja

Uloga Sina Isusa je da postane Spasitelj i otvori vrata spasenja za grešnike. Pošto je Adam zbog neposlušnosti jeo voće koje je bilo zabranjeno od strane Boga, greh je ušao u ljudska bića. Sada, ljudskim bićima je bilo potrebno spasenje.

I oni su bili osuđeni da padnu u večnu smrt, vatru Pakla, u skladu sa zakonom duhovnog kraljevstva koji kaže da je plata za greh smrt. Međutim, Isus, Sin Božji, platio je kaznu smrti za grešnike kako oni ne bi pali u Pakao.

Sada, zašto je Isus Sin morao da postane Spasitelj celokupnog čovečanstva? Baš kao i što svaka zemlja ima svoje zakone, tako i duhovno kraljevstvo ima svoje zakone i ne može bilo ko da postane Spasitelj. Jedan može da otvori vrata spasenja samo kada stekne sve kvalifikacije. Koje su onda kvalifikacije da bi se postao Spasitelj i da bi se vrata spasenja otvorila za čovečanstvo koje je bilo osuđeno na smrt zbog grehova?

Pre svega, Spasitelj mora da bude čovek. 1. Korinćanima Poslanica 15:21 kaže: „Jer budući da kroz čoveka bi smrt, kroz čoveka i vaskrsenje mrtvih." Kao što je zapisano, zato što je smrt ušla u ljude zbog neposlušnosti čoveka Adama, spasenje mora takođe da potiče od čoveka kao što je Adam.

Drugo, Spasitelj ne sme da bude Adamov potomak. Svi Adamovi potomci su grešnici, rođeni su sa prvobitnim grehom nasleđenim od njihovih očeva. Ni jedan Adamov potomak ne može da postane Spasitelj. Ali Isus je začet od Svetog Duha i On nije potomak Adama. On nema ni jedan prvobitan greh nasleđen od roditelja (Jevanđelje po Mateju 1:18-21).

Treće, Spasitelj mora da ima moć. Da bi oslobodio grešnike od neprijatelja đavola, Spasitelj mora da ima moć, a duhovna moć je biti bezgrešan. On ne sme da ima prvobitan greh i On ne sme da počini nijedan greh dok se povinuje Reči Božjoj. On mora da bude oslobođen od svih mana ili mrlja.

Na kraju, Spasitelj mora da ima ljubav. Čak iako jedan ima sve od ovih tri kvalifikacija, on neće umreti zbog greha drugih ljudi ako nema u sebi ljubav. Onda, čovečanstvo nikada neće biti spašeno. Prema tome, Spasitelj mora da ima ljubav i da preuzme kaznu smrti umesto čovečanstva kojji su grešnici.

Film „Stradanje Hristovo" veoma dobro je prikazalo Isusovo stradanje. Isus je bio bičovan i Njegovo meso je bilo pokidano. On je bio zakovan kroz Njegove ruke i noge i nosio je krunu od trnja na Njegovoj glavi. On je bio okačen na krstu i kada je na kraju On izdahnuo poslednji dah, On je bio proboden sa strane i prolio je svu Njegovu vodu i krv. On je preuzeo svu ovu patnju da bi nas otkupio od naših bezakonja, grehova, bolesti i slabosti.

Još od Adamovog greha, ni jedno biće još nije dostiglo sve četiri kvalifikacije. Pre svega, Adamovi potomci su nasledili prvobitan greh, naime grešnu prirodu od njihovih potomaka kada su rođeni. I ne postoji ni jedan čovek koji je u potpunosti živeo u skladu sa zakonom Božjim i ne postoji ni jedan čovek koji nije uopšte zgrešio. Čovek u velikim dugovima ne može da odplati dugove drugih. Na isti način, grešnici koji imaju prvobitan greh i koji su sami počinili grehove ne mogu da spasu grešnike, druga ljudska bića. Iz ovog razloga Bog je pripremio tajnu skrivenu pre početka vremena, naime Isusa Sina Božjeg.

Isus je imao sve kvalifikacije Spasitelja. On je rođen na zemlji sa telom čoveka, ali nije začet od kombinovanja sperme čoveka i jajnika žene. Devica Marija je zatrudnela sa Svetim Duhom. Tako da, Isus nije bio potomak Adama i nije imao prvobitan greh. I kroz Njegov celi život On se u potpunosti povinovao Zakonu i nije počinio ni jedan lični greh.

Ovaj savršen kvalifikovan Isus je razapet sa požrtvovanom ljubavlju za grešnike. I prema tome, ljudi su stekli put spasenja da im bude oprošteno od njihovih grehova kroz Njegovu krv.

Da Isus nije postao Spasitelj, sva ljudska bića bi zbog Adamovog greha pala u Pakao. Takođe, da su svi pali u Pakao, cilj ljudske kultivacije ne bi bio ispunjen. Ovo znači da niko ne bi mogao da uđe u nebesko kraljevstvo i prema tome Bog ne bi stekao ni jednu iskrenu decu.

Zbog toga je Bog pripremio Isusa Sina koji će izvesti ulogu Spasitelja, kako bi ispunio namenu ljudske kultivacije. Svako ko veruje u Isusa, koji je umro na krstu za nas bez ijednog greha, njemu može biti oprošteno i može primiti pravo da postane dete Božje.

Sveti Duh upotpunjuje spasenje

Sledeće, uloga Svetog Duha je da upotpuni spasenje koje su ljudi stekli kroz Isusa Sina. To je kao kada majka doji i neguje novorođenče. Sveti Duh usađuje veru u srcima onih koji prihvataju Gospoda i vodi ih do ne dostignu nebesko kraljevstvo. On razdvaja brojne duhove kada radi Njegovu službu. Prvobitno telo Svetog Duha je na jednom mestu, ali brojni duhovi su razdvojeni od Njega da bi službovali na isti način svuda u svetu sa istim srcem i istom moći.

Naravno, Otac Sin može takođe da razdvoji brojne duhove kao što je i slučaj sa Svetim Duhom. Isus je rekao u Jevanđelju po Mateju 18:20: „Jer gde su dva ili tri sabrani u ime Moje onde sam Ja među njima." Mi možemo da razumemo da Isus može da razdvoji brojne duhove od Sebe. Gospod Isus ne može da bude lično sa vernicima na svakom mestu gde se oni okupljaju u Njegovo ime. Umesto toga, On je razdvojio duhove da bi išao svuda i da bi bio sa njima.

Sveti Duh vodi svakog vernika nežno i ljubazno kao majka

dojilja koja se brine o njenom detetu. Kada ljudi prihvate Gospoda, razdvojeni duhovi od Svetog Duha dolaze u njihova srca. Bez obzira koliko ljudi prihvate Gospoda, razdvojeni duhovi Svetog Duha mogu da uđu u srca svih njih i borave tamo. Kada se ovo dogodi, mi kažemo da su oni „primili Svetog Duha." Sveti Duh koji boravi u srcima vernika pomaže im da oni steknu duhovu veru da bi bili spašeni i On trenira njihove duše da se razvijaju da bi ispunili meru kao privatni učitelji.

On vodi vernike da revnosno nauče Reč Božju, da promene njihova srca u skladu sa Rečju i da nastave da se razvijaju duhovno. U skladu sa Rečju Božjom, vernici moraju da promene preku narav u krotkost, mržnju u ljubav. Ako ste imali u prošlosti ljutnju ili ljubomoru, sada vi morate da se radujete zbog uspeha drugih u istini. Ako ste bili arogantni, sada morate da budete ponizni i da služite drugima.

Ako ste tražili sopstvenu korist u prošlosti, sada vi morate da žrtvujete sebe do tačke smrti. Ljudima koji vama čine zla dela, ne smete da činite zlo već treba da dotaknete nihova srca sa dobrotom.

Duha ne gasite

Čak i nakon što ste prihvatili Gospoda i vernik ste već nekoliko godina, ako još uvek imate neistinu kao da ste nevernik, Sveti Duh koji boravi u vama će veoma mnogo jecati. Ako smo skloni lakom iritiranju kada patimo bez razloga, ili ako prenosimo optužbe i osude na našu braću u Hristu i otkrijemo njihove prestupe, mi nećemo moći da podignemo glavu pred Gospodom koji je umro za naše gregove.

Pretpostavimo da ste stekli zvanje u crkvi kao što je đakon ili starešina, ali niste u miru sa drugim ili drugima otežavate situaciju, ili činite da se spotiču zbg vaše samopravednosti. Onda će Sveti Duh koji boravi u vama veoma mnogo žaliti. Pošto smo prihvatili Gospoda i ponovo smo rođeni, mi moramo da odbacimo svaku vrstu zla i greh da bi uvećali veru dan za danom.

Čak i posle prihvatanja Gospoda, ako i dalje živite u grehovima sveta i činite grehove koji vode do smrti, Sveto Duh koji je u vama će vas na kraju napustiti i vaše ime će biti izbrisano iz knjige života. Izlazak 32:33 kaže: „A GOSPOD reče Mojsiju: „Ko Mi je zgrešio, onog ću izbrisati iz knjige Svoje.""

Otkrivenje Jovanovo 3.5 govori: „Koji pobedi on će se obući u haljine bele, i neću izbrisati ime njegovo iz knjige života, i priznaću ime njegovo pred Ocem Svojim i pred anđelima Njegovim." Ovi nam stihovi govore, da čak iako smo primili Svetog Duha i iako su naša imena upisana u knjizi života, ona mogu takođe biti i izbrisana.

Takođe, 1. Poslanica Solunjanima 5:19 kaže: „Duha ne gasite." Kao što je rečeno, čak iako ste spašeni i primili ste Svetog Duha, ako ne živite u istini, Sveti Duh će se ugasiti.

Sveti Duh boravi u srcima svakog vernika i vodi ga da ne izgubi spasenje konstatnim osvetljavnjem istinom i zapoveda mu da živi u skladu sa voljom Božjom. Dok nas uči o grehu i pravednosti On nam dozvoljava da znamo da je Bog Stvoritelj, Isus Hrist naš Spasitelj, da postoje nebesa i Pakao i da će biti Sud.

Sveti Duh posreduje za nas pred Bogom Ocem baš kao što je zapisano u Poslanici Jevrejima 8:26: „A tako i Duh pomaže nam u našim slabostima: jer ne znamo za šta ćemo se moliti kao što treba, nego sam Duh moli se za nas uzdisanjem neiskazanim."

On tuguje kada deca Božja počine grehove i pomaže im da se pokaju i odvrate od njihovih puteva.

I On izliva nad njima inspiraciju i ispunjenost Svetim Duhom i daje i različite darove da bi mogli da odbace sve vrste grehova i iskuse dela Božja. Mi koji smo deca Božja moramo da tražimo ovakva dela od Svetog Duha i da težimo ka još dubljim stvarima.

Bog Otac, rukovodioc ljudske kultivacije

Bog Otac je rukovodioc velikog plana za ljudsku kultivaciju. On je Stvoritelj, Vladaoc, Sudija u Poslednjem danu. Bog Sin, Isus Hrist, otvorio je vrata za spasenje ljudskih bića koji su grešnici. Na kraju, Bog Sveti Duh vodi one koji su spašeni da imaju iskrenu veru i da dostignu potpuno spasenje. Drugim rečima, Sveti Duh ispunjava spasenje dato svakom verniku. Svako službovanje Tri Osobe Božje čini kao jedna moć u ispunjavanju proviđenja ljudske kultivacije kao iskrena deca.

Međutim, svaka od Njihove službe se jasno razlikuje u skladu sa redom a ipak Tri Osobe u saglasnosti čine u isto vreme. Kada je Isus došao na zemlju, On je u potpunosti pratio volju Oca i nije potvrđivao Njegovu sopstvenu volju. Sveti Duh je bio sa Isusom i pomagao je Njegovom službovanju, od vremena kada je Isus začet u devici Mariji. Kada je Isus bio zakovan na krstu i kada je patio od bolova, Otac i Sveti Duh su imali isti osećaj i bol u isto vreme.

Na isti način, kada Sveti Duh jeca i zauzima se za duše, Gospod i Otac osećaju istu bol i takođe tuguju. Tri Osobe Trojedinog Boga rade sve isto sa jednim srcem i voljom u svakom trenutku i osećaju iste emocije u odnosu na službu svake Osobe. Jednom rečju, Tri Ososbe su ispunjavale sve kao Tri u Jednom.

Trojedini Bog ispunjava proviđenje spasenja

Tri Osobe Bože su ispunile proviđenje ljudske kultivacije kao Tri u Jednom. Rečeno je u 1. Jovanovoj Poslanici 5.8: „Duh i voda i krv; i troje je zajedno." Voda ovde simbolizuje službu Boga Oca koji je Reč. Krv stoji za službu Gospoda koji je prolio krv na krstu. Trojedini Bog radi službovanje kao Duh, Voda i Krv koje su zajedno, kako bi svedočio da su deca koja veruju spašena.

Tako da, mi moramo jasno da razumemo svaku službu ponaosob Trojedinog Boga i ne smemo da se usmeravamo samo ka jednoj Osobi Svete Trojice. Samo kada mi prihvatimo i verujemo u Tri Ososbe Trojedinog Boga, mi možemo da budemo spašeni sa verom u Boga i ćemo moći da kažemo da poznajemo Boga. Kada se mi molimo, mi se molimo u ime Isusa Hrista, ali Otac Bog je taj koji nama dogovara i Sveti Duh je taj koji nam pomaže da dobijemo odgovor.

Isus je takođe rekao u Jevanđelju po Mateju 28:19: „Idite dakle i naučite sve narode krsteći ih va ime Oca i Sina i Svetog Duha," a apostol Pavle je blagoslovio vernike u ime Svete Trojice u 2. Poslanici Korinćanima 13:14: „Blagodat Gospoda našeg Isusa Hrista i ljubav Boga i Oca i zajednica Svetog Duha sa svima vama." Zbog toga, na službama nedeljom ujutru, dat je blagoslov kako bi deca Božja primila milost Spasitelja i Gospoda Isusa Hrista, ljubav Boga Oca i inspiraciju i ispunjenost Svetim Duhom.

Poricanje Trojedinog Boga i dela Svetog Duha

Postoje neki ljudi koji ne prihvataju Svetu Trojicu. Među njima su Jehovini svedoci. Oni ne prepoznaju božanstvo Isusa

Hrista. Oni takođe ne prepoznaju individualnu ličnost Svetog Duha i zbog toga su smatrani jereticima.

Biblija govori da oni koji se odreknu Isusa Hrista i koji sebi donose brzo unštenje da su jeretici (2. Petrova Poslanica 2:1). Oni izgledaju po spoljašnosti kao da praktikuju hrišćanstvo ali oni ne prate volju Božju. Oni nemaju nikakve veze sa spasenjem i mi vernici ne smemo da budemo podeljeni.

Za razliku od tih jeresa, neke crkve poriču dela Svetog Duha iako oni govore i potvrđuju veru u Svetu Trojicu. Biblija prikazuje različite darove Svetog Duha kao što su govorenje različitim jezicima, prorokovanje, božanstvena isceljenja, otkrivenja i vizije. I postoje neke crkve koje osuđuju ovakva dela Svetog Duha kao da je to nešto loše i pokušavaju da ometaju dela Svetog Duha, iako priznaju da su verovali u Boga.

Oni često optužuju crkve koje manifetuju darove Svetog Duha kao da su jeretničke. Ovo direktno vređa volju Boga i oni čine neoprostiv greh bogohuljenja, sramote i protivljenja Svetom Duhu. Kada oni počine ovakve grehove, duh pokajanja ne dolazi do njih i oni ne mogu čak ni da se pokaju.

I ako ošamare ili optuže slugu Božjeg ili crkvu ispunjenu sa delima Svetog Duha, to je isto kao i optuživanje Trojedinog Boga i kao čin da nepreijatelj stoji protiv Boga. Deca Božja koja su spašena i koja su primila Svetog Duha ne smeju da izbegnu dela Svetog Duha, već baš suprotno tome, oni treba da žude za ovakvim delima. Naročito sveštenici moraju ne samo da iskuse dela Svetog Duha, već takođe i da izvode dela Svetog Duha kako bi njihovo stado moglo da živi životom u izobilju sa ovakvim delima.

1. Korinćanima Poslanica 4.20 kaže: „Jer carstvo Božije nije

u reči nego u sili." Ako sveštenici uče nihova stada sa znanjem i formalnostima, to znači da slep čovek vodi drugog slepog čoveka. Sveštenici moraju da uče njihova stada tačnom istinom i dozvole im da iskuse dokaze živog Boga dok izvode dela Svetog Duha.

Današnje vreme se odnosi na nas kao na „Eru Svetog Duha." Pod vođstvom Svetog Duha, mi primamo obilne blagoslove i milost Trojedinog Boga koji kultiviše ljudska bića.

Jevanđelje po Jovanu 14:16-17 kaže: „I Ja ću umoliti Oca, i daće vam drugog utešitelja da bude s vama vavek; Duha istine, kog svet ne može primiti, jer Ga ne vidi niti Ga poznaje; a vi Ga poznajete, jer u vama stoji, i u vama će biti."

Nakon što je Gospod ispunio službu ljudskog spasenja, vaskrsao i uzdigao na nebesa, Sveti Duh je zamenio Gospoda u službi ljudske kultivacije. Sveti Duh je sa svakim vernikom koji prihvata Gospoda i vodi ove vernike ka istini koja boravi u srcu svakog vernika.

Šta više, danas kako greh preovladava i ubrzano prekriva ovaj svet, Bog Sebe pokazuje onima koji Njega traže iz srca i daje im vatrena dela Svetog Duha. Ja se nadam da ćete vi postati iskrena deca Božja u delima Oca, Sina i Svetog Duha, kako bi mogli da primite sve što tražite u molitvi i dostignete potpuno spasenje.

Primeri iz Biblije 1

Stvari koje su se dogodile kada se kapija drugog neba otvorila na prvom nebu.

Prvo nebo je fizički prostor u kome mi živimo.

Na drugom nebu je oblast svetlosti, Edem i oblast tame.

Na trećem nebu je nebesko kraljevstvo gde ćemo mi živeti večno.

Četvrto nebo je prostor prvobitnog Boga, koje je isključivo za Trojedinog Boga.

Ovde „neba“ su striktno odvojena, ali svaki prostor se „graniči“ jedan sa drugim.

Kada je potrebno, kapija drugog neba se otvara u prostoru prvog neba gde mi sada živimo.

Ponekad, prostor između trećeg i četvrtog neba takođe može biti otvoren.

Mi možemo da naiđemo na mnogo dokaza gde se stvari sa drugog neba događaju u ovom prvom nebu.

Kada se kapija drugog neba otvara i stvari Edemskog vrta izađu u prostor prvog neba, oni koji žive u prvom nebu mogu da dotaknu i vide ove stvari.

Vatreni sud nad Sodomom i Gomorom

Postanak 19:24 govori: „Tada pusti GOSPOD na Sodom i na Gomor od GOSPODA s neba dažd od sumpora i ognja." Ovde „od GOSPODA s neba" znači da je Bog otvorio kapiju prostora drugog neba i doneo je sumpor i oganj odatle.

Isto je bilo i na gori Karmil kada se Ilija suočio sa 850 sveštenika nejevrejskih bogova i kad im je sasuo odgovor sa vatrom. U 1. Knjizi Kraljevima 18:37-38 kaže se: „Usliši me, GOSPODE, usliši me, da bi poznao ovaj narod da si Ti GOSPODE Bog, kad opet obratiš srca njihova." Tada pade oganj GOSPODNJI i spali žrtvu paljenicu i drva i kamen i prah, i vodu u opkopu popi." Vatra drugog neba može u stvari da spali stvari prvog neba.

Zvezda koja je vodila tri mudraca

Jevanđelje po Mateju 2:9 kaže: „I oni saslušavši cara, pođoše: a to i zvezda koju su videli na istoku, iđaše pred njima dok ne dođe i stade odozgo gde beše Dete.“ Zvezda sa drugog neba se pojavila i pojavljivala se i nestajala je neko vreme. Kada su mudraci došli do destinacije, zvezda se tu zaustavila.

Ako je ova zvezda sa prvog neba, imala bi neverovatan efekat nad univerzum, jer se sve zvezde sa prvog neba pomeraju po svom putu na veoma pravilan način. Mi možemo da razumemo da je zvezda koja je vodila tri mudraca nije bila od onih sa prvog neba.

Bog je pomerio zvezdu u drugom nebu tako da ne bi imala nikakav uticaj na univerzum prvog neba. Bog je otvorio prostor drugog neba kako bi mudraci mogli da vide ovu zvezdu.

Manna data sinovima Izraela

Izlazak 16:4 kaže: „A GOSPOD reče Mojsiju: „Evo učiniću da vam daždi iz neba hleb, a narod neka izlazi i kupi svaki dan koliko treba na dan, da ga okušam hoće li hoditi po Mom zakonu ili neće.““

Kao što je On rekao da će On „daždi iz neba hleb,“ Bog je dao mannu sinovima Izraela dok su lutali pustinjom 40. godina. Manna je bila kao seme korijandera i njen izgled je bio kao smola. Njen ukus je bio kao kolač ispečen sa uljem. Kao što je objašnjeno, postoje mnogi zapisi o događajima koji su se dogodili kada se kapija prostora drugog neba otvorila u prvom nebu.

Pravda

"Mi možemo da rešimo bilo koji problem"
i sebi prinesemo blagoslove i odgovore na molitve
kada razumemo u potpunosti pravdu Božju
i činimo u skladu sa njom."

„I izvešće kao videlo pravdu tvoju,
i pravicu tvoju kao podne.“

(Psalmi 37:6)

Postoje problemi koji ne mogu biti rešeni bilo kojom ljudskom metodom. Ali oni mogu u momentu nestati ako ih samo Bog gaji u Njegovom srcu.

Na primer, matematičke probleme koje učenici osnovnih škola smatraju teškim, oni ne predstavljaju ništa za studente fakulteta. Na isti način, za Boga ništa nije nemoguće, zato što je On Vladalac nad svim nebesima.

Da bi iskusili moć svemogućeg Boga, mi moramo da poznajemo načine u kojima ćemo dobiti odgovore od Boga i praktikovati ih. Mi možemo da rešimo problem i prinesemo odgovore i blagoslove kada razumemo u potpunosti Božju pravdu i činimo u skladu sa njom.

Božja pravda

Pravda se odnosi na pravila koje je Bog postavio i ta pravila se precizno sprovode. Još jednostavnije rečeno, to je kao pravilo „uzrok i posledica." Postoje pravila koja čine da pojedini uzroci dovode do određenih rezultata.

Čak i nevernici govore da žanjemo ono što smo posejali. Korejanska izreka kaže: „Žanješ pasulj gde si pasulj posadio, i žanješ crveni pasulj gde si crveni pasulj posadio." Kao što postoje pravila poput ova, pravila pravde su mnogo strožija u istini Božjoj.

Biblija govori: „Ištite, i daće vam se; tražite, i naći ćete; kucajte, i otvoriće vam se" (Jevanđelje po Mateju 7:7). „Ne varajte se, Bog se ne da ružiti; jer šta čovek poseje ono će i požnjeti" (Poslanica Galaćanima 6:7). „Ovo pak velim, koji s tvrđom seje, s tvrđom će i požnjeti; a koji blagoslov seje, blagoslov će i požnjeti" (2. Korinćanima Poslanica 9:6). Ovo su samo neki od primera pravila pravde.

Takođe, postoje pravila o posledicama greha. Poslanica Rimljanima 6:23 kaže: „Jer je plata za greh smrt, a dar Božji je život večni u Hristu Isusu Gospodu našem." Poslovice 16:18 govore: „Oholost dolazi pred pogibao, i ponosit duh pred propast." Jakovljeva Poslanica 1:15 kaže: „Tada zatrudnevši slast rađa greh, a greh učinjen rađa smrt."

Pored ovih pravila, takođe postoje pravila koja nevernici ne mogu baš da razumeju. Na primer, Jevanđelje po Mateju 23:11 kaže: „A najveći između vas da vam bude sluga." Jevanđelje po Mateju 10:39 govori: „Koji čuva dušu svoju, izgubiće je; a koji izgubi dušu svoju Mene radi, naći će je." Kasniji odeljak u Delima Apostolskim 20:35 kaže: „Mnogo je blaženije davati negoli uzimati." Da i ne govorimo da ih shvataju, nevernici čak i misle da su ova pravila pogrešna.

Ali Reč Božja nikada nije pogrešna i nikada se ne menja. Istina o kojoj svet govori menja se kako vreme prolazi, ali reči Božje zapisane u Bibliji, naime pravila pravde, su ispunjene kako je i zapisano.

Prema tome, ako mi možemo ispravno da razumemo pravdu Božju, mi možemo da pronađemo slučajeve gde je bilo koji problem i rešimo ga. Slično možemo takođe da dobijemo odgovore na želje našeg srca. Biblija objašnjava razlog zašto dobijamo bolest, zašto patimo zbog finansijskih problema, zašto ne postoji mir u našoj porodici, ili zašto smo izgubili milost

Božju i posrnuli.

Ako mi samo razumemo pravila pravde zapisana u Bibliji, mi možemo da primimo blagoslove i odgovore na naše molitve. Bog revnosno čuva sva pravila koja je On postavio i prema tome, ako samo činimo u skladu sa njima, mi ćemo svakako primiti blagoslove i odgovore na probleme.

Bog čuva Njegovu pravdu bez greške

Bog je Stvoritelj i Vladaoc nad svim stvarima a ipak On nikada ne krši pravila pravde. On nikada ne govori: „Ja sam stvorio ova pravila ali Ja ne moram da ih se pridržavam." On čini u svemu tačno po poravilima, bez ijedne greške.

To je bilo da bi nas otkupio od naših grehova upravo u skladu sa pravilima pravde da je Sin Božji, došao na ovu zemlju i umro na krstu.

Neki će možda reći: „Zašto Bog jednostavno ne uništi đavola i sve spasi?" Ali On to nikada neće učiniti. On je postavio pravila pravde dok je pravio plan za ljudsku kultivaciju na početku i On ih čuva takve kakve jesu. Zato je On dao takvu veliku žrtvu tako što je dao Njegovog jednog i jedinorodnog Sina da bi otvorio za nas put spasenja.

Prema tome, mi ne možemo da budemo spašeni i odemo na Nebesa ako samo priznamo: „Ja verujem!" sa našim usnama i ako odemo u crkvu. Mi moramo da budemo u granicama spasenja koje su postavljene od Boga. Da bi mi bili spašeni mi moramo da verujemo u Isusa Hrista kao našeg ličnog Spasitelja i povinujemo se Rečima Božjim dok živimo u skladu sa pravilima pravde.

Osim ovog pitanja o spasenju, postoje mnogi delovi iz Biblije koji nam objašnjavaju pravdu Božju, koja ispunjava sve u skladu sa zakonom duhovnog kraljevstva. Ako mi možemo da razumemo ovu pravdu, nama će biti lako da rešimo probleme naših grehova. To će takođe doprineti tome da lakše primimo blagoslove i odgovore na molitve. Na primer, šta treba da uradite ako želite da dobijete želje vašeg srca?

Psalmi 37:4 govore: „Teši se GOSPODOM, i učiniće ti šta ti srce želi." Da bi mogli zaista da uživate u Bogu, vi najpre morate da ugodite Bogu. I mi možemo da nađemo mnogo načina da ugodimo Bogu u mnogim delovima Biblije.

Prvi deo Poslanice Jevrejima 11:6 govori: „A bez vere nije moguće ugoditi Bogu." Mi možemo da ugodimo Bogu do te mere da verujemo u Reč Božju, odbacimo grehove i postanemo posvećeni. Takođe, mi možemo da ugodimo Bogu sa našim naporima i prinosima kao kralj Solomon koji je dao hiljadu ponuda. Mi takođe možemo da činimo i dobrovoljan rad za Božje kraljevstvo. Postoje i mnogi drugi načini.

Prema tome, mi treba da razumemo da čitanje Biblije i slušanje ceremonija je jedan od načina da se nauče pravila pravde. Ako mi samo pratimo ova pravila i ugađamo Bogu, mi možemo da primimo želje našeg srca i damo salvu Bogu.

Činiti po pravilima Božje pravde

Otkako sam ja prihvatio Gospoda i shvatio pravdu Božju, bilo mi je veliko zadovoljstvo da vodim život u veri. Kako sam činio u skladu sa pravilima pravde, dobio sam ljubav Božju i finansijske blagoslove.

Takođe, Bog govori da će nas On zaštititi od bolesti i nesreća ako živimo u skladu sa Rečju Božjom. A kako sam ja i članovi moje porodice živeli samo sa verom, svi članovi moje porodice su bili toliko zdravi da nikada nismo bili ni u jednu bolnicu niti smo uzimali lekove od kako sam prihvatio Gospoda.

Zato što sam ja verovao u pravdu Božju koji nam je dozvolio da požnjemo ono što smo posejali, ja sam uživao da dajem Bogu čak iako sam živeo siromašan život. Neki ljudi kažu: „Ja sam toliko siromašan da nemam šta da dam Bogu." Ali ja sam revnosnije davao zato što sam bio siromašan.

2. Poslanica Korinćanima 9:7 kaže: „Svaki po volji svog srca, a ne sa žalošću ili od nevolje; jer Bog ljubi onog koji dragovoljno daje." Kao što je rečeno, ja nikada nisam stao pred Bogom praznih ruku.

Uvek sam uživao dok sam davao Bogu sa zahvalnošću čak iako sam imao malo i uskoro nakon toga, ja sam dobio finansijski blagoslov. Ja mogu da dam sa radošću jer znam da će Bog dati meni potisnutom, uzdrmanom i pregaženom 30, 60 i 100 puta više od onoga što sam dao za Božje kraljevstvo sa verom.

Kao rezultat, ja sam vratio veliku količinu dugova koji su se nakupili dok sam bio bolestan sedam godina u krevetu i do sada, ja sam toliko blagosloven da mi ništa ne nedostaje.

Takođe, zato što sam znao zakon pravde da Bog daje Njegovu moć onima koji su oslobođeni od zla i koji su posvećeni, ja sam nastavio da odbacujem zlo iz sebe kroz revnosne molitve i post i na kraju sam dobio Božju moć.

Današnja neverovatna moć Božja je manifestvovana zato što sam dostigao dimenziju ljudbavi i pravde koju je Bog zahtevao od mene dok sam strpljivo prolazio kroz mnoge nevolje i isušenja. Bog mi nije tek tako bezuslovno dao Njegovu moć. On mi je dao dok je strogo pratio pravila pravde. Zbog toga neprijatelj đavo i Sotona na ovo ne mogu da prigovore.

Pored ovoga, ja sam verovao i praktikovao sam sve reči iz Biblije a takođe sam iskusio sva čudesna dela i blagoslove koja su zapisana u Bibliji.

I takva dela se nisu samo meni dogodila. Ako neko razume pravila pravde Božje zapisana u Bibliji i čini u skladu sa njima, on može da primi istu vrstu blagoslova koju sam ja primio.

Dve strane pravde

Obično ljudi misle da je pravda nešto zastrašujuće koju prati kazna. Naravno, u skladi sa pravdom zastrašujuće kazne će pratiti grehove i zlo, ali suprotno tome, ovo može biti ključ koji nama donosi blagoslove.

Pravda je kao dve strane novčića. Za one koji žive u tami, to je nešto strašno, ali za one koji žive u Svetlosti, to je nešto zaista dobro. Ako pljačkaš drži kuhinjski nož to može da postane oružje za ubistvo ali ako ga drži majka, onda je to oruđe u spremanju hrane koje joj pomaže da spremi odlične obroke za njenu porodicu.

Prema tome, u zavisnosti na koju pojedinačnu pravdu Božju se odnosi, to može da bude ili nešto veoma strašno ili može biti nešto veoma radosno. Ako mi razumemo dve strane pravde, mi takođe možemo da razumemo da je pravda ispunjena ljubavlju a ljubav Božja je takođe ispunjena pravdom. Ljubav bez pravde nije prava ljubav a pravda bez ljubavi ne može takođe da bude prava pravda.

Na primer, šta će se dogoditi ako kaznite vašu decu svaki put kada urade nešto pogrešno? Ili, šta ako uvek ostavite vašu decu nekažnjeno? U oba slučaja, vi ćete biti uzrok ako vaša deca zastrane.

U skladu sa pravdom, ponekad vi mora strogo da kaznite vašu decu za njihova pogrešna dela ali vi ne možete sve vreme samo da im pokazujete „pravdu." Ponekad vi morate da im pružite drugu priliku i ako se oni zaista okrenu od njihovih puteva, vi morate da im pokažete oproštaj i milost sa vašom ljubavlju. Ali opet, vi ne možete uvek da im pokazujete milost i ljubav. Vi morate da povedete vašu decu na pravi put kroz kaznu ako je to potrebno.

Bog nam govori o bezgraničnom praštanju u Jevanđelju po Mateju 18:22 koje kaže: „Ne velim ti do sedam puta, nego do sedam puta sedamdeset."

Međutim, u isto vreme Bog govori da je iskrena ljubav ponekad praćena kaznom. Poslanica Jevrejima 12:6 govori: „Jer koga ljubi Gospod onog i kara; a bije svakog sina kog prima." Ako mi razumemo ovaj odnos između ljubavi i pravde, mi ćemo takođe razumeti da je pravda savršena u ljubavi i kako nastavljamo da razmišljamo o pravdi, mi ćemo razumeti da je duboka ljubav sadržana u pravdi.

Veće dimenzije pravde

Pravda takođe ima različite dimenzije na različitim nebima. Naime, kako se mi penjemo u nivoima neba, od prvog neba do drugog, trećeg i četvrtog neba, dimenzije pravde postaju takođe sve više otvorene i duboke. Različita neba zadržavaju njihova pravila u skladu sa pravdom svakog neba.

Razlog zbog kojeg postoji razlika u dimenzijama prvde na svakom nebu je zato što se dimenzija ljubavi na svakom nebu razlikuje. Ljubav i pravda ne mogu biti odvojene. Što je dublja dimenzija ljubavi time je dublja i dimenzija pravde.

Ako mi čitamo Bibliju, možda će izgledati da se pravda Starog Zaveta i Novog Zaveta razlikuju jedna od druge. Na primer, Stari Zavet kaže: „Oko za oko," što je princip osvete, ali u Novom Zavetu kaže se: „Volite vaše neprijatelje." Princip osvete se promenio u princip oproštaja i ljubavi. Onda, da li ovo znači da se volja Boga promenila?

Ne, ovo nije slučaj. Bog je duh i nepromenljiv je, tako da srce i volja Božja sadržane u oba i Starom i Novom Zavetu je ista. To samo zavisi do koje mere su ljudi ispunili ljubav, ista pravda će se primeniti u različitoj meri. Sve dok Isus nije došao na ovu zemlju i ispunio Zakon sa ljubavlju, nivo ljubavi koji su ljudi mogli da razumeju je bio veoma nizak.

Da im je rečeno da vole njihove neprijatelje, što je veoma visok nivo pravde, oni ne bi mogli da to iznesu. Iz ovog razloga, u Starom Zavetu, nizak nivo uloge pravde, koja je „oko za oko," se primenjivao da bi se ustanovio red.

Međutim, nakon što je Isus ispunio Zakon sa ljubavlju kada je došao na ovu zemlju i dao Njegov život za nas grešnike, nivo pravde koju je Bog zahtevao od nas bića se uzdigao.

Iz primera Isusa, mi već možemo da vidimo nivo ljubavi koji ide od nižeg nivoka do nivoa gde se vole čak i neprijatelji. Tako da se princip osvete koji kaže „oko za oko“ više ne primenjuje. Sada, Bog od nas traži dimenzije pravde u kojima su pravila oproštaja i milosti primenjene. Naravno, ono što je Bog zaista želeo , čak i u eri Starog Zaveta, bio je oproštaj i milost, ali ljudi u tom vremenu nisu baš to razumeli.

Kao što je objašnjeno, baš kao što postoji razlika u dimenzijama ljubavi i pravde u Starom Zavetu i Novom Zavetu, dimenzija pravde se razlikuje u zavisnosti od dimenzije ljubavi na svakom nebu.

Na primer, videvši ženu koja je bila uhvaćena u činu preljube, ljudi koji su činili u skladu sa nižim nivoom pravde prvog neba, rekli su da odmah treba da je kamenuju. Ali Isus, koji je imao najveći nivo pravde, što je pravda četvrtog neba, rekao joj: „Ni Ja te ne osuđujem. Idi. I odsele više ne greši“ (Jevanđelje po Jovanu 8:11).

Prema tome, pravda je u našim srcima i svaka osoba oseća različitu dimenziju pravde u skladu sa merom do koje su ispunili njihova srca sa ljubavlju i koliko su kultivisali njihovo srce sa duhom. Ponekad, oni koji poseduju nižu dimenziju pravde ne mogu da razumeju pravdu onih koji poseduju veću dimenziju pravde.

To je zato što ljudi od mesa nikada ne mogu u potpunosti da shvate šta radi Bog. Samo oni koji su kultivisali njihova srca sa ljubavlju i duhovnim mislima mogu precizno da shvate pravdu Božu i nju primenjuju.

Ali primena veće dimenzije pravde ne znači da će nadvlatati ili prekršiti pravdu koja je u nižoj dimenziji. Isus je posedovao dimenziju četvrtog neba, ali On nikada nije ignosrisao pravdu ove zemlje. Drugim rečima, On je pokazao pravdu rećeg neba ili višeg na ovoj zemlji u granicama pravila pravde na ovoj zemlji.

Slično tome, mi ne možemo da prekršimo pravdu koja se primenjuje na prvom nebu dok živimo na ovom prvom nebu. Naravno, kako se dimenzija naše ljubavi produbljuje, širina i dubina pravde takođe narasta, ali osnovni poredak je isti. I prema tome, mi moramo tačno da razumemo pravila pravde.

Vera i povinovanje - osnovna pravila pravde

Tako da, koji je to osnovni poredak i pravila pravde koje mi treba da razumemo i pratimo da bi dobili odgovore na naše molitve? Postoje mnogo stvari uključujući na primer, dobrotu i skromnost. Ali, dva najosnovnija principa su vera i povinovanje. To je pravilo pravde koje mi primamo kao odgovor kada verujemo Reči Božjoj i povinujemo joj se.

Kapetan iz Jevanđelja po Mateju u poglavlju 8, imao je veoma bolesnog slugu. On je bio kapetan vladajućeg Rimskog carstva, ali je bio dovoljno skroman da dođe pred Isusa. Takođe, on je imao dobro srce da lično dođe pred Isusa zbog njegovog bolesnog sluge.

Iznad svega, razlog zbog kojeg je on mogao da dobije odgovore je zato što je on imao veru. Pre nego što je odlučo da ode pred Isusa, on mora da je čuo mnoge stvari o Isusu od ljudi u njegovoj okolini. On mora da je čuo vesti o slepom čoveku koji je progledao, mutavom koji je progovorio i o mnogim drugim ljudima koje je Isus iscelio.-

Čuvši ovakve vesti kapetan je verovao Isusu i počeo je da poseduje veru da je takođe mogao da primi njegovu želju za njegovog slugu ako ode pred Njega.

Kada se on u stvari sreo sa Isusom, on je priznao veru govorivši: „Gospode, nisam dostojan da pod krov moj uđeš, nego samo reci reč, i ozdraviće sluga moj" (Jevanđelje po Mateju 8:8). On je mogao da kaže ono što je i rekao zato što je u potpunosti verovao Isusu dok je slušao vesti o Njemu.

Da bi i mi posedovali takvu veru, mi najpre moramo da se pokajemo što se nismo povinovali Reči Božjoj. Ako razočaramo Boga na bilo koji način, ako ne održimo obećanje dato pred Bogom, ako ne održavamo Gospodnji dan svetim ili ako ne dajemo prikladan desetak, onda mi moramo da se pokajemo u svim ovim stvarima.

Takođe, mi moramo da se pokajemo zato što volimo svet, zato što nemamo mir sa ljudima, zato što čuvamo i činimo sa svim vrstama zla kao što su-strast, iritacija, razočarenje, loša osećanja, ljutnja, ljubomora, svađa i laž. Kada slomimo ove zidine grehova i primimo molitvu moćnog sluge Božjeg, nama može biti data vera da dobijemo odgovore i mi u stvari možemo da dobijemo odgovore kao što smo verovali da ćemo dobiti, u skladu sa pravilima pravde.

Pored ovih stvari, postoje i mnoge druge stvari kojima moramo da se povinujemo i koje treba da pratimo da bi dobili naše odgovore, kao što su posećivanje različitih službi bogosluženja, molitve bez prestanka i davanje Bogu. A da bi mogli u potpunosti da se povinujemo, mi moramo da se u potpunosti odreknemo nas samih.

Naime, mi moramo da odbacimo naš ponos, aroganciju, samopravednost i samopouzdanje, sve naše teorije i misli, hvalisanje o ponosnom životu i želju da se oslonimo na svet. Kada se mi u potpunosti ponizimo i odreknemo se na ovaj način, mi možemo da primimo odgovor u skladu sa zakonom pravde zapisanim u Jevanđelju po Luki 17:33: „Koji pođe da sačuva dušu svoju, izgubiće je; a koji je izgubi, oživeće je."

Razumeti pravdu Božju i njoj se povinovati, znači priznanje Boga. Zato što mi priznajemo Boga, mi možemo da pratimo pravila koja je On utvrdio. I vera je ta koja priznaje Boga na ovaj način a iskrena vera je uvek praćena delima povinovanja.

Ako vi razumete svaki greh koji se na vas odražava sa Rečju Božjom, vi morate da se pokajete i okrenete od tih puteva. Ja se nadam da ćete vi verovati Bogu u potpunosti i da ćete se osloniti na Njega. Da bi tako uradili, ja se nadam da ćete shvatiti pravila pravde Božje jednu za drugom i praktikovati ih kako bi dobili odgovore i blagoslove od Boga koji nam dozvoljava da požnjemo ono što smo posejali i koji nam uzvraća u skladu sa našim delima.

Princeza Džejn Mpologoma (Jane Mpologoma (London, Velika Britanija))

Na pola puta oko sveta

Živim u Birmingemu (Birmingham). To je veoma lepo mesto. Ja sam kći prvog predsednika kraljevstva Bugande i udata sam za skromnog, ljubaznog čoveka u Velikoj Britaniji i imam tri ćerke.

Mnogi ljudi bi poželeli da žive ovakvom vrstom bogatog života, ali ja baš nisam bila srećna. Uvek sam osećala žeđ u svojoj duši koja nije mogla da bude ispunjena sa bilo čim. Dugo vremena sam imala hronični gastrointestinalni poremećaj koji mi je uzrokovao dosta bola. Nisam mogla da jedem niti dobro da spavam.

Bila sam mučena različitim bolestima kao što su visoki nivo holesterola, srčano oboljenje i nizak krvni pritisak. Doktori su me upozorili da mogu da dobijem infarkt ili šlog.

Ali u Avgustu 2005. godine, imala sam životnu prekretnicu. Slučajno mi se ukazala prilika da se susretnem sa jednim od asistenata pastora Manmin centralne crkve koji je bio u poseti Londonu. Dobila sam knjige i snimke sa propovedima od njega i one su me veoma duboko

Sa njenim suprugom Davidom

dirnule.

One su bile zasnovane na Bibliju ali nisam mogla ni na jednom drugom mestu da čujem takve duboke i inspirativne poruke. Moja žedna duša je bila zadovoljna i moje duhovne oči su se otvorile da bi razumela Reč.

Na kraju sam posetila južnu Koreju. U trenutku kada sam zakoračila u Manmin centralnu crkvu moje celo telo je bilo obmotano sa mirom. Primila sam molitvu od sveštenika Džeroka Lija. Bilo je to onda kada se se vratila u Veliku Brotaniju da sam shvatila ljubav Božju. Rezultati endoskopije koji su urađeni 21 oktobra bili su normalni. Nivo holesterola bio je normalan i krvni pritisak je bio takođe u normali. Bila je to moćna molitva!

Ovo iskustvo mi je dozvolilo da imam još više vere. Imala sam srčana oboljenja i pisala sam sveštenику Džeroku Liju da se moli za mene. On se molio za mene za vreme jedne od večernjih službi bogosluženja petkom u Manmin centralnoj crkvi, 11 Novembra. Ja sam primila njegovu molitvu putem interneta sa druge polovine zemljine kugle.

On se molio: „Ja zapovedam u ime Isusa Hrista, srčani problemi nestanite. Oče Bože, učini je zdravom!"

Osetila sam jako delo Svetog Duha u trenutku kada sam primila molitvu. Pala bih od jake moći da me moj suprug nije zadržao. Došla sam svesti posle oko 30 sekundi.

Angiografiju sam ponovima 16. Novembra. Moj doktor je to

predložio zato što sam imala problema sa jednom od arterije srca. To se radi sa malom kamerom fiksiranom na maloj cevi. Rezultat je bio zaista neverovatan.

Doktor je rekao: „Nisam nikada video u ovoj prostoriji tako zdravo srce."

Uzbuđenje je strujalo kroz čitavo moje telo, zato što sam osetila ruke Boga kada sam čula doktorove reči. Od tada, odlučila sam da živim drugačijim životom. Želela sam da doprem do tinejdžera, zapostavljenih i do svakoga kome je bilo potrebno jevanđelje.

I Bog je učinio da se moj san ostvari. Moj suprug i ja smo počeli u Londonu u Manmin centralnoj crkvi kao misionari i mi smo porpovedali o živom Bogu.

Odlomak iz Izvanredne stvari

Pokornost

„Povinovati se Reči Božjoj sa „Da“ i „Amin“ je prečica u doživljavanju dela Božjih.“

Potpuna Isusova pokornost

Isus se povinovao pravdi prvog neba

Ljudi koji su iskusili dela Božja kroz pokornost

Pokornost je dokaz vere

Manmin centralna crkva preuzima vođstvo u svetskoj evangelizaciji u pokornosti

„Ponizio Sam Sebe postavši poslušan do same smrti,
a smrti krstove.“

(Poslanica Filipljanima 2:8)

Biblija prikazuje mnogo slučaja gde su nemoguće stvari bile moguće od Svemogućeg Boga. Postojala su takva čuda kao što su zaustavljanje sunca i meseca i razdvajanje mora da bi ljudi mogli da pređu po suvoj zemlji. Takve stvari ne mogu da se dogode u skladu sa pravdom prvog neba, već su moguće u skladu sa pravdom trećeg neba ili iznad.

Kako bi mi iskusili takva dela Božja mi moramo da ispunime uslove. Postoji nekoliko uslova koje moramo da ispunimo a među njima, pokornost je veoma važna. Povinovati se Rečju Svemogućeg Boga sa „Da" ili „Amin," je prečica u doživljavanju dela Božjih.

1. Samuelova Poslanica 15:22 kaže: „Ali Samuilo reče: „Zar su mile GOSPODU žrtve paljenice i prinosi kao kad se sluša glas NJEGOV? Gle, poslušnost je bolja od žrtve i pokornost od pretiline ovnujske."

Potpuna Isusova pokornost

Isus se povinovao volji Božjoj sve dok nije bio razapet da bi spasio čovečanstvo koji su bili grešnici. Mi možemo da budemo spašeni sa verom kroz ovo povinovanje Isusovo. Da bi mi razumeli kako možemo da budemo spašeni sa našomn verom u Isusa, mi najpre treba da na prvom mestu razmotrimo kako je čovečanstvo krenulo na put smrti.

Pre nego što je postao grešnik, Adam je mogao da uživa u večnom životu u Edemskom vrtu. Ali pošto je zgrešio kada je jeo sa drveta koje je Bog zabranio, u skladu sa duhovnim kraljevstvom koje kaže: „plata za greh je smrt" (Poslanica Rimljanima 6.23), on je morao da umre i da padne u Pakao.

Ali znajući da se Adam neće pokoriti, čak i pre vremena, Bog je pripremio Isusa Hrista. Bilo je to da se vrata spasenja otvore u pravdi Božjoj. Isus, pošto je bio Reč koja je postala meso, rođen je na ovoj zemlji u ljudskom telu.

Zato što je Bog dao proročanstvo o Spasitelju, Mesiji, neprijatelj đavo i Sotona su takođe znali o Spasitelju. Đavo je uvek tražio priliku da ubije Spasitelja. Kada su tri mudraca rekli da se Isus rodio, đavo je podstakao kralja Iroda da ubije svu mušku decu ispod dve godine.

Takođe, đavo je podsticao zle ljude da razapnu Isusa. Đavo je mislio da ako ubije Isusa koji je došao na ovu zemlju da postane Spasitelj, onda će on povesti sve grešnike u Pakao i imaće ih zauvek pod njegovom kontrolom.

Pošto Isus nije imao niti prvobitan greh niti samopočinjeni greh, On nije bio predmet koji treba da bude stavljen u smrt u skladu sa pravdom koja kaže da je plata za greh smrt. Bez obzira na to, đavo je bio vođa u ubijanju Isusa i time je prekršio zakon pravde.

Kao rezultat, bezgrešan Isus prevazišao je smrt i vaskrsao je. I sada, svako ko veruje u Isusa Hrista može da bude spašen i može da stekne večni život. Na početku, u skladu sa zakonom pravde koji govori da je plata za greh smrt, Adam i njegovi potomci bili su osuđeni da idu na put smrti, ali kasnije, put spasenja je bio otvoren kroz Isusa Hrista. Ovo je „skrivena misterija pre vremena" u 1. Poslanici Korinćanima 2:7.

Isus nikada nije mislio: „Zašto Ja treba da budem ubijen čak iako nemam ni jedan greh?" On je samovoljno uzeo krst da bi bio razapet u skladi sa proviđenjem Božjim. Bila je to temeljna i potpuna pokornost Isusa koji je otvorio put za naše spasenje.

Isus se povinovao pravdi prvog neba

Za vreme Njegovog života na ovoj zemlji, Isus se povinovao temeljno Božjoj volji i živeo je u skladu sa zakonom pravde prvog neba. Iako je On bio po prirodi Bog, On je obukao ljudsko telo i iskusio je glad, žeđ, bol, tugu i samoću kao čovek.

Pre nego što je On započeo Njegovu službu, On je postio 40 dana. I iako je on Gospodar svih stvari, On je revnosno uzvikivao i molitvi i stalno se molio. On je bio testiran od stane đavola kroz 40 dana posta i On je oterao đavola sa Rečju Božjom, a da nije bio iskušan ili pokoleban.

Takođe, Isus je imao moć Boga tako da je On mogao da manifestuje bilo koju vrstu čuda i neverovatne stvari. A ipak, On je pokazao takva čuda samo kada je bila potreba za njima u skladu sa proviđenjem Božjim. On je pokazao moć Sina Božjeg sa takvim događajima kao što su pretvaranje vina u vodu i hranjenje 5000 ljudi sa pet hleba i dve ribe.

Da je poželeo, On je mogao da uništi one koji su mu se podsmevali i koji su Njega razapeli. Ali, On je u tišini prihvatio progon i prezir i u pokornosti, On je bio razapet. On je osetio svu patnju i bolove kao čovek i prolio je Njegovu krv i vodu.

Poslanica Jevrejima 5:8-9 kaže: „Iako i beše Sin Božji, ali od onog što postrada nauči se poslušanju. I svršivši sve, postade svima koji Ga poslušaše uzrok spasenja večnog."

Zato što je Isus ispunio zakon pravde kroz Njegovu potpunu pokornost, svako ko prihvati Gospoda Isusa i živi u istini može da postane sluga pravednosti i dostigne spasenje a da ne ide ka putu smrti kao sluge greha (Poslanica Rimljanima 6:16).

Ljudi koji su iskusili dela Božja kroz pokornost

Iako je On Sin Božji, Isus je ispunio proviđenje Božje zato što se u potpunosti povinovao. Onda, koliko još mi moramo obična bića da se u potpunosti povinujemo da bi iskusili dela Božja? Potrebno je potpuno povinovanje.

U Jevanđelju po Jovanu u poglavlju 2, Isus je izveo čudo pretvarajući vino u vodu. Kada su nestali bez vina na proslavi, devica Marija je izričito rekla da čine ono što im Isus kaže da učine. Isus je rekao slugama da „napune sudove sa vodom i da ih odnesu kumu." Kada je kum probao vodu, od vode je već bilo napravljeno dobro vino.

Da se sluge nisu povinovale Isusu koji im je rekao da odnesu vodu kumu, oni ne bi mogli da iskuse čudo vina Poznavajući veoma dobro zakon povinovanja i pravdu, devica Marija je tražila da sluge budu sigurne i da se Njemu povinuju.

Takođe možemo razmotriti i Petrovo povinovanje. Petar nije uhvatio ni jednu ribu celu noć. Ali kada je Isus zapovedio: „Hajde na dubinu, i bacite mreže svoje te lovite," Petar se povinovao rekavši: „Učitelju, svu noć smo se trudili, i ništa ne uhvatismo, ali po Tvojoj reči baciću mrežu." Onda, oni su bili ograđeni velikom količinom ribe i njihove mreže počele su da pucaju (Jevanđelje po Luki 5:4-6).

Zato što je Isus, koji je jedan sa Bogom Stvoriteljem, progovorio prvobitnim glasom, veliki broj ribe se povinovao Njegovoj zapovesti i odmah su ušle u mrežu. Ali, da se Petar nije povinovao Isusovoj zapovesti, šta bi se dogodilo? Da je on rekao: „Gospodine, ja znam više o hvatanju riba od tebe. Mi smo pokušavali da uhvatimo ribu celu noć i veoma smo umorni. Za danas je dosta. Biće zaista zamorno da zabacimo duboko i na dno mrežu" onda, ni jedno čudo se ne bi dogodilo.

Udovica u Serepti u 1. Knjizi Kraljevima u poglavlju 17, takođe je iskusila dela Boga kroz njenu pokornost. Posle duge suše, njena hrana je ponestajala i ostala je samo šaka brašna i malo ulja. Jednog dana je Ilija došao kod nje i potražio je hranu, govoreći: „Jer ovako veli GOSPOD Bog Izrailjev: „Brašno se iz zdele neće potrošiti niti će ulja u krčagu nestati dokle ne pusti GODPOD dažda na zemlju"" (1. Knjiga Kraljevima 17:14).

Udovica i njen sin bi čekali dan kada će umreti nakon što pojedu poslednju trunku hrane. Međutim, ona je verovala i povinovala se Reči Božjoj koju joj je preneo Ilija. Ona je dala svu njenu hranu Iliji. Sada, Bog je izveo čudo ubog pokornosti žene kao što je obećao. Posuda sa brašnom se nije istrošila i ćup sa uljem nije presušio sve dok se ozbiljna suša nije završila. Udovica, njen sin i Ilija bili su spašeni.

Pokornost je dokaz vere

Jevanđelje po Marku 9:23 kaže: „ A Isus reče mu: „Ako možeš verovati?" Sve je moguće onome koji veruje.""

Ovo je zakon pravde koji govori da ako mi verujemo, onda mi možemo da iskusimo dela svemogućeg Boga. Ako se mi molimo sa verom, onda će bolesti nestati i ako zapovedamo sa verom, onda će demoni izaći i sve vrste nevolja i iskušenja će nestati. Ako se molimo sa verom, mi možemo da primimo blagoslov finansijski. Sve stvari su moguće sa verom!

Dela pokornosti su ta koja svedoče da mi imamo veru da

primimo odgovore u skladu sa zakonom pravde. Jakovljeva Poslanica 2:22 kaže: „Vidiš li da vera pomože delima njegovim, i kroz dela svrši se vera." Jakovljeva Poslanica 2:26 govori: „Jer, kao što je telo bez duha mrtvo, tako je i vera bez dobrih dela mrtva."

Ilija je tražio od udovice Sereptu da iznese za njega poslednju hranu koju ima. Da je ona rekla: „Ja verujem da si ti Božji čovek i ja verujem da će me Bog blagosloviti i moja hrana nikada neće nestati," a da se nije povinovala, onda ona ne bi iskusila ni jedno delo Božje. To je zato što njena dela ne bi pokazala dokaz njene vere.

Ali udovica je verovala Ilijinim rečima. Kao dokaz njene vere, ona mu je iznela poslednju hranu iz doma i povinovala se njegovim rečima. Ovo delo pokornosti svedoči o njenoj veri i čudo se dogodilo u skladu sa zakonom pravde, koje govori da su sve stvari moguće onom ko veruje.

Da bi ostvarili vizije i snove date od Boga, naša vera i pokoronost su veoma važne. Patrijarsi kao što su Avram, Jakov i Josif usadili su Reč Božju u njihovim mislima i povinovali su se.

Kada je Josif bio mlad, Bog mu je dao san da će postati častan čovek. Josif nije samo verovao u san već ga se prisećao stalno i nije promenio misli sve dok san nije ostvario. On je tražio dela Božja u svim prilikama i pratio je Božje vođenje.

Pošto je bio rob i zatvorenik 13. godina, on nije sumnjao u san koji mu je Bog dao, iako je stvarnost izgledala totalno drugačije od njegovog sna. On je samo hodao pravim putem povinujući se zapovestima Božjim. Bog je video ovu veru i pokornost i ispunio je njegov san. Sva iskušenja su došla do kraja i u 30-oj godini on je postao drugi najmoćniji čovek u celom Egiptu uz samog Faraona, kralja.

Manmin centralna crkva preuzima vođstvo u svetskoj evangelizaciji u pokornosti

Danas Manmin centralna crkva ima više od hiljadu ogranka/ asocijativnih crkava širom sveta i propoveda jevanđelje u svakom uglu sveta putem Internet službe, TV satelita i drugih medija. Crkva je pokazala dela pokornosti u skladu sa zakonom pravde od početka svih ovih službi pa sve do danas.

Od trenutka kada sam ja sreo Boga, sve moje bolesti su bile isceljene i moj san je bio da postanem prikladan vođa u Božjim očima koji će slaviti Boga i pomoći mnogim ljudima. Ali jednog dana Bog me je pozvao za Njegovog slugu, rekavši: „Ja sam te odabrao za slugu pre vremena." I On je rekao ako sebe obskrbim sa Rečju Božjom za tri godine, moći ću da pređem okeane, reke i planine i izvodiću čudesna čuda i znakove gde god da pođem.

U stvarnosti, ja samo još relativno bio novi vernik. Bio sam povučen i siromašan u govoru pred masom ljudi. Međutim, ja sam se povinovao bez ikakvog izgovora i postao sam sluga Božji. Dao sam najbolje od sebe da bih hodao u skladu sa Rečju Božjom u 66 knjiga Biblije i molio sam se sa postom i pod vođstvom Svetog Duha. Ja sam se povinovao na način na koji je Bog zapovedio.

Kada sam vodio prekomorske pohode ogromnih razmera, ja nisam planirao niti sam se pripremao za njih na svoj način, već sam se samo povinovao zapovesti Božjoj. Ja sam samo odlazio tamo gde mi je Bog zapovedio da idem. Za ogromne pohode, obično su trebale godine za pripremu, ali ako je Bog zapovedio, mi smo se pripremali za njih samo nekoliko meseci.

Čak iako nismo imali dovoljno novca za tako velike pohode, kad smo se molili, Bog bi ispunio naše finansije svaki put. Ponekad mi je

Bog zapovedio da idem u takve zemlje gde propovedanje jevanđelja u stvari nije bilo moguće.

U 2002. godini, dok smo se pripremali za pohod u Keniju, Indiju, vlada Tamil Nadu je izdala novu uredbu o zabrani prisilnog preobraćanja. Naredba je glasila da ni jedna osoba ne sme da se preobrati ili da ima nameru da preobrati drugu osobu iz jedne religije u drugu upotrebom sile ili pomamom ili na bilo koji drugi lažan način. Kršenje ove naredbe moglo je dovesti do pritvora od pet godina ili novčanu kaznu, ako je probraćenik „pripadnik manjine, žena ili osoba koja pripada određenom staležu ili određenom plemenu." Kazna od jednog Indijskog lakja je 100.000 ruplji što vredi dve hiljade radnih dana od plate.

Naš pohod na plaži Marina pogodio je ne samo Indijske hršćane već takođe i mnoge Hinduse koji su činili više od 80% populacije.

Uredba o zabrani prisilnog preobraćenja prebala je da bude usvojena prvog dana početka našeg pohoda. Tako da, već sam se osećao spremnim za zatvor dok sam propovedao jevanđelje na pozornici pohoda. Neki ljudi su rekli da će policija Tamil Nadu doći i posmatrati naš pohod da bi snimili moje porpovedanje.

U ovoj opasnoj situaciji, Indijski ministri i organizatori komiteta su se osećali stegnuto i napeto. Ali ja sam imao hrabrost i povinovao sam se Bogu zato što je tako Bog zapovedio. Ja se nisam plašio hapšenja niti toga da ću otići u zatvor, hrabro sam prorokovao Boga Stvoritelja i Spasitelja Isusa Hrista.

Onda je Bog upravljao neverovatnim stvarima. Dok sam propovedao, govorio sa: „Ako ste došli da imate veru u vašim srcima, ustanite i hodajte." U tom momentu, dečak je ustao i počeo je da hoda. Dečaku, pre nego što je prisustvovao pohodu, presekli su za vreme operacije zglob koji povezuje karlicu i kuk i imao je dve metalne ploče koje su to povezivale. On je patio od velikih bolova posle operacije i nije mogao da zakorači ni korak bez štaka. Ali, kada sam ja zapovedio: „Ustani i hodaj," on je odmah odbacio štake i počeo je da hoda.

Toga dana, pored ovog čuda mladog dečaka, mnoga neverovatna moćna dela Božja su se dogodila. Slepi su progledali, gluvi čuli i mutavi progovorili. Oni su ustali iz njihovih kolica i bacali su njihove štake. Vesti su se brzo proširile do grada i mnogi ljudi su se okupili sledećeg dana.

Ukupno je tri miliona ljudi prisustvovalo službama i na još veće iznenađenje, više od 60% prisutnih su bili Hindusi. Oni su imali Hindu oznake na njihovim čelima. Nakon što su slušali poruku i bili svedoci Božjim moćnim delima, oni su skidali oznake i odlučno su se preobratili hrišćanstvu.

Pohod je doveo do ujedinjenja lokalnih hrišćana i na kraju uredba protiv prisilnog preobraćenja je ukinuta. Takva predivna dela su bila učinjena kroz pokornost prema Reči Božjoj. Sada, da bi iskusili takva neverovatna Božja dela, čemu mi naročito treba da se povinujemo?

Prvo, mi treba da se povinujemo 66 knjiga Biblije.

Mi ne treba da se povinujemo Reči Božjoj samo kada se pred nama pojavi Bog i kaže nam da uradimo nešto. Mi moramo da se povinujemo rečima koje su zapisane u 66 knjiga Biblije sve vreme. Mi treba da razumemo volju Boga i njoj se povinujemo kroz Bibliju, a onda mi možemo da se povinujemo porukama koje su propovedane u crkvi. Naime, reči koje nam govore da činimo, da ne činimo, da održavamo ili da odbacimo određene stvari su pravila pravde Božje i prema tome mi treba da se povinujemo.

Na primer, vi slušate da treba da se pokajete od vaših grehova sa suzama i slinavim nosem. Zakon je taj koji nam govori da mi možemo da dobijemo odgovore od Boga samo nakon što uništimo zid greha koji stoji između Boga i nas (Isaija 59:1-2). Takođe, vi slušate da treba da uzvikujete u molitvi. To je metoda molitve koja nam, donosi odgovore u skladu sa zakonom koji nas usmerava da jedemo plodove našeg znoja i truda (Jevanđelje po Luki 22:44).

Da bi se sreli sa Bogom i primili Njegove odgovore, mi najpre treba da se pokajemo od naših grehova i uzvikujemo u našoj molitvi tražeći od Boga ono što nam je potrebno. Ako neko uništi njegov zid greha, moli se iz sve snage i pokazuje njegova dela vere, on može da se sretne sa Bogom i primi odgovore. Ovo je zakon pravde.

Drugo, mi treba da verujemo i da se povinujemo rečima sluge Božje sa kojim je Bog.

Odmah nakon otvaranja crkve, pacijent sa kancerom doveden je na nosilima da bi prisustvovao službi bogosluženja. Ja sam mu rekao da sedne i da prisustvuje službi. Njegova supruga ga je pridržavala otpozadi i on je jedva mogao da sedi za vreme službe bogosluženja. Zar nisam znao da je njemu veoma teško da sedi pošto je bio veoma bolestan i morao je da bude donešen na nosilima? Ali ja sam mu dao savet uz inspiraciju Svetog Duha i on se povinovao.

Videvši njegovo povinovanje, Bog jedmah njemu dodelio božansko isceljenje. Naime, svi njegovi bolovi su nestali i on je mogao da stoji i sam hoda.

Baš kao što se udovica Sareptu povinovala rečima Ilije verujući čoveku Božjem, ta ljudska pokornost postala je način da se dobije Božji odgovor za njega. On ne bi mogao da buide isceljen sa njegovom sopstvenom verom. Ali on je iskusio moć isceljenja Božjeg zato što se povinovao rečju čoveka Božjeg koji je izvodio Božju moć.

Treće, mi moramo da se povinujemo delima Svetog Duha.

Sledeće, kako bi primili odgovore od Boga, mi konstantno treba da pratimo dat glas Svetog Duha dok smo se molili i slušali propovedi. Ovo je zato što Sveti Duh koji boravi u nama, nas vodi ka putu blagoslova i odgovora u skladu sa zakonom pravde.

Na primer, za vreme propovedi, ako nam Sveti Duh naredi da se molimo još više posle službe, vi samo možete da se povinujete. Ako se povinujete, vi ćete moći da se pokajete od vaših grehova kojima nije bilo oprošteno dugo vremena ili da primite dar jezika u milosti Božjoj. Ponekad, neki blagoslovi dolaze za vreme vaših molitvi.

Kada sam ja bio novi vernik, ja sam morao da radim teške građavinske poslove da bi sastavio kraj sa krajem. Hodao sam do kuće sa umornim telom da bi sačuvao novac od karte za autobus. Ali kada bi Sveti Duh dotakao moje srce da dam određenu vrstu ponuda za izgradnju crkve ili ponudu zahvalnosti, ja bi se samo povinovao.

Ja sam davao a da nisam koristio sopstvene misli. Kad ne bi imao novac, ja bi se pozajmio do određenog dana da bi dao Bogu. I našao bi novac svim svojim snagama do doređenog datuma i dao bi ga Bogu. Kako sam se ja povinovao, Bog me je blagoslovio sve više i više sa stvarima koje je On pripremio.

Bog vidi našu pokornost i otvara vrata odgovora i blagoslova. Za mene lično, On mi je dao različite odgovore male ili velike za sve što sam tražio i ne samo finansijske stvari. On mi je davao sve što sam tražio kada sam se Njemu povinovao sa verom.

2. Poslanica Korinćanima 1:19-20 govori: „Jer Sin Božji Isus Hristos, kog mi vama pripovedasmo ja i Silvan i Timotije, ne bi da i ne, nego u Njemu bi da. Jer koliko je obećanja Božijih, u Njemu su da, i u Njemu amin, Bogu na slavu kroz nas."

Kako bi mi mogli da iskusimo dela Božja u skladu sa zakonom pravde, mi moramo da pokažemo dela vere kroz našu pokornost. Baš kao što je Isus postavio primer, ako se mi samo povinujemo u odnosu na naše okolnosti ili uslove, onda će se Božja dela uveliko otvarati pred nama. Ja se nadam da ćete se vi povinovati Reči Božjoj samo sa „Da" ili „Amin" i da ćete iskusiti dela Božja u vašim svakodnevnim životima.

Dr. Dr. Pol Ravindran Ponraj (Paul RavindranPonraj (Šenaj, India))
- Starešina doma, Kardiotorakalna hirurgija u Opštoj bolnici Sautempton, Velika Britanija
- Sekretar Kardiotorakalne hirurgije bolnice Sv. Đorđe, London, Velika Britanija
- Viši sekretar Kardiotorakalne hirurgije ,bolnica HAREFILD, Midlseks, Velika Britanija
- Kardiotorakalni hirurg, bolnicaVilingdon, Šenaj

Moć Božja izvan medicine

Ja sam koristio miropomazanu maramicu na mnogim bolesnim pacijentima i video sam njihov oporavak. Uvek sam držao maramicu u svom džepu dok sam bio u operacionoj sali. Želeo bih da vam ispričam čudo koje se dogodilo 2005. godine.

Mlad čovek u 42. godini, po profesiji građevinac iz jednog od gradova u Tamil Nadu države, došao je kod mene sa bolešću koronarnih arterija i trebao je da uradi se podvrgne operaciji premošćivanja koronarnih arterija. Ja sam ga pripremio za operaciju i ona je počela. Bilo je to veoma jednostavna dvostruka bajpas operacija sa graftom (pumpa isključena) koja je izvedena sa otkucajima srca. Operacija je bila završena za dva i po sata.

Kada su počeli da zatvaraju grudni koš, on je postao nestabilan sa abnormalnim EKG-om i padom krvnog pritiska. Ja sam ponovo otvorio njegov grudni koš i video sam da je bajpas operacija sa graftom bila odlična. On je bio prebačen u salu za kateterizaciju u cilju provere angiograma. Otkrili su da su svi njegovi krvni sudovi u srcu i veliki krvni sudovi u nozi bili u spazmu bez protoka krvi. Razlog ovome nismo mogli da utvrdimo čak ni danas.

Nije postojala nada za ovog mladog čoveka. On je bio uveden u operacionu salu sa unutrašnjom masažom srca i njegov grudni koš je opet bio otvoren i masiranje srca je bilo direktno i trajalo je više od 20 minuta. On je bio prikačen za aparat za održavanje rada srca i pluća.

Različiti vazodilatatorni lekovi su mu dati da bi se opustio spazam ali nije bilo odgovora. On je održavao srednji krvni pritisak na pumpi od 25 do 35 mmHg više od 7 sati i ja sam bio svestan da su protok krvi i kiseonika pod tim pritiskom biti nedovoljni da bi funkcionisao njegov mozak.

Posle 18 sati borbe i 7 sati priključenog srca na pumpu bez pozitivnog odgovora, mi smo odlučili da zatvorimo grudni koš i da pacijenta proglasimo mrtvim. Ja sam pao na kolena i molio sam se. Rekao sam: „Bože, ako je ovo ono što Ti želiš, neka tako i bude." Ja sam započeo operaciju sa molitvom i već sam imao miropomazanu maramicu koju mi je dao dr. Džerok Li u svom džepu i podsetio sam se onoga što je rečeno u Delima Apostolskim 19:12. Ustao sam posle molitve i ušao

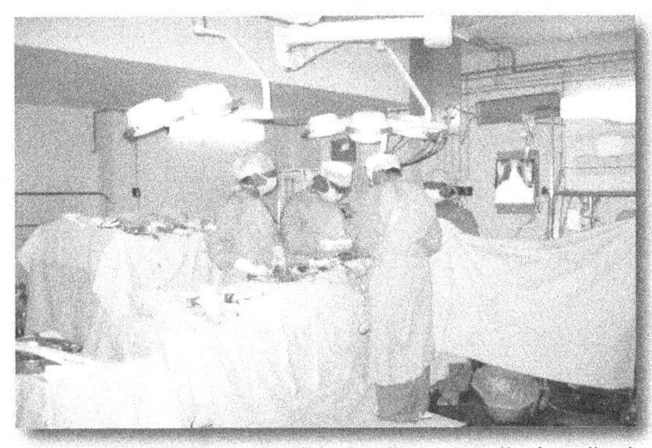
Dr. Pol Ponraj koji je izvdio operaciju (sredina)

u operacionu salu kako je grudni koš bio zatvoren pre proglašenja pacijenta mrtvim.
Iznenadna promena se dogodila i pacijent je postao sasvim normalan. ECG je bio u potpunosti normalan. Celokupana ekipa je bila u šoku i jedan od članova ekipe, nevernik rekao je da Bog u koga sam ja verovao, mene je poštovao. Da, istina je da kada hodate u veri vi ćete biti u sredini čuda i na kraju katastrofa. Ovaj mlad čovek je izašao iz bolnice bez neurološkog nedostatka osim što je imao malo otoka na njegovoj desnoj nozi. On je svedočio u molitvenoj odaji da će činiti Božja dela jer je dobio drugi život.

Odlomak iz Izvanredne stvari

> Ako mi imamo potpunu sigurnost u veri,
> mi možemo izvoditi moć Božju
> čak i ispred naizgled nemogućih situacija.

Iskreno srce i potpuna sigurnost u veri

Odnos između vere i iskrenosti

Tražite u potpounoj sigurnosti u veri

Avram sa iskrenim srcem u potpunoj sigurnosti u veri

Kultivisanje iskrenog srca i poptuna sigurnost u veri

Test vere

Pohod u Pakistanu

„...da pristupamo s istinim srcem u punoj veri, očišćeni u srcima od zle savesti, i umiveni po telu vodom čistom.“

(Poslanica Jevrejima 10:22).

Ljudi dobijaju odgovore od Boga u različitim merama. Neki primaju odgovor kada se samo jednom pomole ili samo kada to u srcima požele, dok drugi moraju da ponude nekoliko dana u molitvama i postu. Za neke ljude, oni izvode znakove, kontrolišu moć tame i isceljuju bolesne kroz molitvu sa verom (Jevanđelje po Marku 16:17-18). Suprotno tome, neki ljudi govore da se mole sa verom, ali ne postoje znakovi niti čuda koji se dešavaju kroz njihove molitve.

Ako neko pati zbog bolesti čak iako je on vernik u Boga i moli se, on mora najpre da razmisli o svojoj veri. Reči iz Biblije su istina i nikada se ne menjaju, prema tome, svako ko ima veru koja može biti prepoznata od strane Boga, može da dobije sve što potraži. Isus nam je obećao u Jevanđelju po Mateju 21:22: „I sve što uzištete u molitvi verujući, dobićete." Sada, koji je razlog zašto ljudi dobijaju odgovore od Boga u različitim merama?

Iskreno srce i potpuna sigurnost u veri

Poslanica Jevrejima 10:22 kaže: „... ...da pristupamo s istinim srcem u punoj veri, očišćeni u srcima od zle savesti, i umiveni po telu vodom čistom." Iskreno srce ovde stoji za pravo srce koje u sebi nema laži. To je srce koje liči na srce Isusa Hrista.

Jednostavno rečeno, potpuna sigurnost u veru je savršena vera. To je verovanje u reči 66 knjiga Biblije bez ikakve sumnje i pridržavanje svih zapovesti Božjih. Do te mere gde mi posedujemo iskreno srce mi možemo da imamo savršenu veru. Priznanje onih koji su ispunili iskreno srce je iskreno priznanje vere. Bog brzo odgovara ovim ljudima.

Mnogi ljudi priznaju njihovu veru pred Bogom, ali iskrenost u njihovim priznanjima je svakako različita. Postoje ljudi čija su priznanja vere 100% tačna zato što je njihovo srce 100% iskreno, dok postoje drugi ljudi čija su priznanja vere samo 50% tačna zato što je njihovo srce samo 50% iskreno. Ako je nečije srce samo 50% iskreno, Bog će reći: „Samo si mi do pola verovao." Iskrenost sdržana u nečijem priznanju vere je mera vere pojedinca koja je prepoznata od strane Boga.

Odnos između vere i iskrenosti

U našim odnosima sa drugima, mi govorimo da mi verujemo drugim osobama a prava mera do koje mi verujemo toj osobi može biti prilično različita. Na primer, kada majke izlaze napolje i ostavljaju malu decu u kući, šta ne govore? One će možda reći: „Treba da se pazite i da ostanete unutra. Deco, ja vam verujem." Sada, da li majke zaista veruju deci?

Ako majka zaista veruje svom detetu, ona neće reći: „Ja ti verujem." Ona može da kaže: „Ja ću se uskoro vratiti." Ali ona dodaje malo više kada njeno dete nije vredno poverenja. Ona će možda reći: „Tek što sam počistila kuću, neka kuća tako i ostane. Ne diraj moju kozmetiku i ne pali šporet na plin." Ona ponavlja svaku reč iako joj nije prijatno i pre nego što izlazi ona govori detetu: „Ja ti verujem, zato poslušaj moje reči..."

Ako je količina poverenja još manja, čak i nakon što kaže svom detetu šta da radi, ona će možda pozvati telefonom kuću da bi proverila šta dete radi. Pitaće: „Šta sada radiš? Jel sve u redu?" i pokušaće da otkrije šta njeno dete radi. Ona je rekla da veruje svom detetu ali u njenom srcu ona ne može u potpunosti da veruje. Mera roditeljskog poverenja u njihovu decu se svakako razlikuje.

Vi možete verovati nekoj deci više od druge dece u skladu sa tim koliko su iskreni i vredni poverenja. Ako oni slušaju svoje reoditelje sve vreme, njihovi roditelji mogu da im veruju 100%. Kada ovi roditelji kažu: „Ja ti verujem," ovo je zaista istina.

Tražite u potpounoj sigurnosti u veri

Sada, ako dete kome roditelji veruju 100% potraži nešto, roditelji će možda dati detetu ono što potraži. Oni ne mora da ga pitaju: „A šta ćeš sa tim uraditi?" „Da li zaista sada to treba?" i tako dalje. Oni će moći da mu daju šta poželi u potpunom verovanju, misleći: „On to traži zato što mu je to definitivno potrebno. On neće potrošiti ništa."

Ali ako roditelji nemaju potpunu meru poverenja, oni će pristati samo kada shvate prikladan razlog za zahtev njihovog deteta. Što manje poverenja imaju, oni manje mogu da veruju u ono što njihovo dete govori i oni se uzdržavaju da udovolje detetu u onome što traži. Ako dete nastavlja da traži i traži, roditelji će mu ponekad dati, ne zato što mu veruju već samo zato što im dete to toliko želi.

Ovaj princip funkcioniośe na isti način između Boga i nas. Da li imate iskreno srce gde će Bog prepoznati vašu veru 100% govoreći: „Moj sine, moja kćeri, veruješ li meni u potpunoj sigurnosti?"

Mi ne treba da budemo oni koji primaju od Boga samo zato

što smo tražili toliko mnogo i danju i noću. Mi treba da budemo u mogućnosti da primimo šta god da smo potražili dok hodamo u istini u svim stvarima, i da nemamo ništa za šta možemo biti optuživani (1. Jovanova Poslanica 3:21-22).

Avram sa iskrenim srcem u potpunoj sigurnosti u veri

Razlog zbog kojega je Avram mogao da postane otac vere je zato što je on imao iskreno srce i potpunu sigurnost u veru. Avram je verovao u Božje obećanje i nikada nije sumnjao u bilo kojoj situaciji.

Bog je obećao Avramu, kada je imao 75. godina da će velika nacija biti formirana kroz njega. Ali u sledećih 20. godina od toga vremena, oni nije dobio ni jedno dete. Kada je on imao 99 godina a njegova supruga Sara 89, kada su bili previše stari da bi imali dete, Bog im je rekao da će nakon godinu dana imati dete. Poslanica Rimljanima 4:19-22 objašnjava situaciju.

Ona kaže: „I ne oslabivši verom ne pogleda ni na svoje već umoreno telo, jer mu beše negde oko sto godina, ni na mrtvost Sarine materice; i za obećanje Božije ne posumnja se neverovanjem, nego ojača u veri, i dade slavu Bogu, i znaše jamačno da šta obeća kadar je i da učini. Zato se i primi njemu u pravdu."

Iako je to bilo nešto nemoguće sa ljudskim sposobnostima, Avram nikada nije sumnjao već je u potpunosti verovao u obećanje Boga, a Bog je prepoznao Avramovu veru. Bog mu je dozvolio da ima sina Isaka, sledeće godine, kao što je On obećao.

Ali da bi Avram postao otac vere, ostao je još jedan test.

Avram je imao Isaka u godini 100 i Isak je dobro odgajan. Avram je voleo sina veoma mnogo. U ovo vreme, Bog je zapovedio Avramu da ponudi Isaka kao žrtvu paljenicu na način kao što je prinostio krave ili jagnjad kao žrtve paljenice. Za vreme Starog Zaveta oni su drali kožu, sekli životinje na delove a onda su ih prinosili kao žrtve paljenice.

Poslanica Jevrejima 11:17-19 će objasniti kako je Avram činio do ovog trenutka: „Verom privede Avraam Isaka kad bi kušan, i jedinorodnoga prinošaše, pošto beše primio obećanje, u kome beše kazano: „U Isaku nazvaće ti se seme." Pomislivši da je Bog kadar i iz mrtvih vaskrsnuti, zato ga i uze za priliku" (Poslanica Jevrejima 11:17-19, Standardna Engleska verzija).

Avram je zavezao Isaka na oltaru i samo što se spremio da ga iseče sa nožem. U trenutku, anđeo Božji se pojavio i rekao: „Ne diži ruku svoju na dete, i ne čini mu ništa; jer sada poznah da se bojiš Boga, kad nisi požalio sina svog, jedinca svog, Mene radi" (Postanak 22:12). Kroz ovaj test, Avramova savršena vera bila je prepoznata od Boga i on je dokazao da je kvalifikovan da postane Otac vere.

Kultivisanje iskrenog srca i potpuna sigurnost u veru

Jednom sam se nalazio u situaciji kada nisam imao ni malo nade i samo sam čekao smrt. Ali moja sestra me je odvela u crkvu i samo kada sa kleknuo u hramu Božjem bio sam isceljen od svih mojih bolesti uz moć Božju. Bio je to odgovor na sestrine molitve i post za mene.

Pošto sam od Boga primio ogromnu ljubav i milost, ja sam

poželeo da o Njemu saznam što više. Ja sam prisustvovao u mnogim službama preporoda na vrhu svih službi bogosluženja i naučio sam Reč Božju. Iako sam radio fizički naporan građevinski posao, ja sam prisustvovao molitvenim službama u zoru svakog jutra. Ja sam samo želeo da čujem Reč Božju i naučim Njegovu volju na najbolji način koji sam mogao.

Kada je pastor učio o volji Božjoj, ja sam se samo povinovao. Ja sam čuo da nije ispravno da dete Božje puši i konzumira alkohol, tako da sam odmah prestao sa pušenjem i alkoholom. Pošto sam čuo da Bogu treba da prinesemo naše desetke i ponude, ja nikada nisam propustio da ih dam Bogu sve do današnjeg dana.

Kako sam čitao Bibliju, ja sam činio ono što mi je Bog rekao da činim i održavao ono što mi je Bog rekao da održavam. Ja nisam činio ono što je Biblija govorila da ne činim. Ja sam se molio i čak sam i postio da bi odbacio stvari koje nam Biblija govori da odbacimo. Nije bilo lako odbaciti ih, postio sam da bi to učinio. Bog je razmotrio moj napor i vratio mi Božjom milošću i dao mi je dragocenu veru.

Moja vera u Boga postajala je čvršća svakim danom. Nikada nisam sumnjao u Boga u bilo kojim testovima ili nevoljama. Kao rezultat povinovanja Božjoj Reči, moje srce se promenilo u iskreno srce koje nije imalo laž. Bila je to promena u dobro i čisto srce koje je postalo nalik srcu Gospoda.

Kao što je rečeno u 1. Jovanovoj Poslanici 3:21: „Ljubazni, ako nam srce naše ne zazire, slobodu imamo pred Bogom;" ja sam tražio sve od Boga sa čvrstom verom i dobio sam odgovore.

Test vere

U međuvremenu, u februaru 1983. godine, 7 meseci nakon otvaranja crkve, postojao je veliki test moje vere. Moje tri ćerke i jedan mlad čovek, bili su otrovani gasom gljen-monoksidom jednog subotnjeg jutra. To je bilo odmah posle službe bogosluženja petkom uveče. Nije izgledalo moguće da će da prežive zato što su udisali gas skoro celu noć.

Njihove očne jabučice se se okrenule i imali su penu na ustima. Njihova tela nisu imala snagu i bili su malaksali. Rekao sam članovima crkve da ih polože na patos u hramu, otišao sam do oltara i ponudio sam Bogu molitvu zahvalnosti.

„Oče Bože, hvala Ti. Ti daješ i Ti si ih uzeo. Ja sam Ti zahvalan što si odneo moju kćer u naručje Gospoda. Ja sam Ti zahvalan Bože što si ih odveo u Tvoje kraljevstvo gde nema suza, tuge i bola."

„Ali pošto mladić nije član crkve, ja tražim od Tebe da ga primiš. Ja ne želim da ovaj incident osramoti Tvoje ime..."

Nakon što sam se pomolio Bogu na ovaj način, ja sam se prvo pomolio za mladića a onda za moje tri ćereke. Onda, ne samo nekoliko minuta posle moje molitve, svo četvoro je ustalo čiste svesti kako sam se i pomolio za njih.

Zato što sam u potpunosti verovao i voleo Boga. ja sam ponudio Bogu molitvu zahvalnosti bez zadržavanja ikakvih primedbi ili tuge u mom srcu, a Bog je bio dirnut ovom molitvom i pokazao nam je veliko čudo. Naši članovi mogli su da imaju još veću veru kroz ovaj incident. Moja vera je takođe bila prepoznata od Boga još više i ja sam dobio veću Božju moć. Naime, ja sam naučio kako da oteram otrovan gas, čak iako on nije živi organizam.

Kada postoji test vere, ako mi pokažemo našu nepromenljivu veru Bogu, Bog će prepoznati našu veru i nagradiće nas sa blagoslovima. Čak ni neprijatelj đavo i Sotona neće moći da nas optuže više zato što će takođe videti da je naša vera iskrena vera.

Od tog momenta pa nadalje ja sam mogao da prevaziđem sva iskušenja, približavajući se uvek blizu Boga sa iskrenim srcem i savršenom verom. Svaki put, ja sam dobijao veću moć odozgo. Uz moć Božju koja mi je data na ovaj način, Bog mi je dozvolio da održim prekomorske ujedinjene pohode sa početkom 2000. godine.

Dok sam ponudio 40-o dnevni post 1982. godine, pre nego što sam otvorio crkvu, Bog je to sa radošću prihvatio i dao mi je Svetsku evangelizaciju i izgradnju velikog Hrama. Čak i posle pet godina ili deset godina, nisam mogao da vidim način u ispunjavanju tih misija. Ipak, ja sam ipak verovao da će Bog njih ispuniti i za ove misije sam se stalno molio.

Tokom narednih 17. godina od otvaranja crkve, Bog nas je blagoslovio u ispunjavanju svetske evangelizacije kroz ogromne prekomorske pohode gde je moć Božja bila manifestvovana. Sa početkom u Ugandi, mi smo takođe imali ujedinjene pohode u Japanu, Keniji, Filipinima, Indiji, Dubaju, Rusiji, Nemačkoj, Peruu, Demokratskoj republici Kongo, Sjedinjenim Državama a čak i u Izraelu, gde je propovedanje jevanđelja gotovo bilo nemoguće. I tamo su se dogodila ogormna dela isceljenja. Mnogi ljudi su se preobratili iz Hinduizma i Islama. Mi smo dali ogromnu slavu Bogu.

Kada je došlo vreme, Bog nam je dozvolio da izdamo mnogo knjiga na različitim jezicima i da propovedamo jevanđelje kroz ta izdanja. On je takođe dozvolio da utvrdimo hrišćanski TV kanal, nazvan Globalna hrišćanska mreža (GCN), i Mrežu svetskih hrišćanskih lekara (WCDN), sve u cilju širenja dela Božje moći manifestvovanih u našoj crkvi.

Pohod u Pakistanu

Bilo je mnogo prilika koje smo prevazišli sa verom u prekomorskim pohodima, ali ja bih želeo da posebno pričam o Paksitanskom pohodu koji je bio održan u oktobru 2000 godine.

Jednog dana u vreme ujedinjenog pohoda, imali sm konferenciju ministara. Iako smo već doboli odobrenje od vlasti, konferencija je bila zatvorenog kruga kada smo tamo otišli ujutru. Većina populacije u Pakistanu su muslimani. Bilo je terorističkih pretnji protiv hrišćanske službe. Pošto su naše službe bile dobro objavljene putem medija, muslimani su pokušavali da naruše naš pohod.

Zbog toga je vlada iznenada promenila svoju odluku, ukinula je dozvolu za korišćenje prostora i blokirala je ljude koji su dolazili da bi prisustvovali konferenciji. Međutim, ja se nisam uznemirio niti sam u svojim mislima bio iznenađen. Umesto toga, kako je bilo moje srce dirnuto, ja sam rekao: „Konferencija će početi danas do podneva." Ja sam priznao moju veru dok su naoružani policajci blokirali kapije i gde nije izgledalo da postoji prilika da će vladini zvaničnici promeniti svoje mišljenje.

Bog je uveliko znao da će se stvari na ovakav način odvojati i pripremio je ministra kulture i sporta Pakistanske vlade koji će moći da reši ovaj problem. On je zbog posla bio u Lahoru, i dok je išao ka aerodromu da bi se vratio u Islambad, on je čuo za situaciju i pozvao je odeljenje policije i zvaničnike vlade, kako bi skup mogao da bude održan. On je čak i odložio njegov put i let kako bi došao da poseti mesto gde se konferencija održavala.

Uz neverovatno delo Božje, kapija je širom otvorena i mnogi ljudi su žurili sa uzbuđenjem i klicima radosti. Oni su grlili jedni druge i prolivali su suze zbog svojih emocija i radosti, davajući slavu Bogu. I bilo je to tačno u podne!

Sledećeg dana, na pohodu, velika dela Božja su manifestvovana u sredini velikog broja ljudi u hrišćanskoj istoriji Pakistana. Ona su takođe otvorila vrata za misionarska dela na Srednjem istoku. Od tada, mi smo dali slavu Bogu u mnogim zemljama u kojoj smo bili jer je pohod imao velike mase ljudi i najveća moćna dela Božja su tamo manifestvovana.

Baš kao što možemo i da otvorimo vrata zato što imamo „glavni ključ" ako mi imamo savršenu veru, mi možemo da iznesemo moć Božju ispred nemogućih situacija. Onda, svi naši problemi mogu u trenutku da budu rešeni.

Takođe, čak iako nesrećni slučajevi, prirodne katastrofe ili zarazne bolesti preovlađuju, mi možemo biti zaštićeni od Boga ako se samo približimo Bogu sa iskrenim srcem i savršenom verom. Takođe, čak iako ljudi u vlasti ili oni koji su zli oni pokušaju da vas obore sa spletkama, ako vi imate samo iskreno srce i savršenu veru, vi ćete moći da dajete slavu Bogu kao Danilo koji je bio zaštićen u lavljoj jazbini.

Prvi deo 2. Knjige Dnevnika 16:9 kaže: „Jer oči GOSPODNJE gledaju po svoj zemlji da bi pokazivao silu Svoju prema onima kojima je srce celo prema Njemu." Čak će se i deca Božja suočiti sa mnogim vrstama malih ili velikih problema u njihovim životima. U tim vremenima, Bog očekuje da će se oni osloniti na Njega, i moliti sa savršenom verom.

Oni koji dođu pred Bogom sa iskrenim srcem i pokajaće se od njihovih grehova iskreno kada su njihovi grehovi otkriveni. Jednom kada je njihovim grehovima oprošteno, oni će steći pouzdanje i moći će da odu bliže Bogu sa potpunom sigurnošću u veri (Poslanica Jevrejima 10:22). Ja se molim u ime Gopsoda da ćete vi razumeti ovaj princip i da ćete otići bliže Bogu sa iskrenim srcem i savršenom verom, da bi mogli da dobijete odgovore na sve što ste potražili u molitvama.

Primeri iz Biblije II

Treće nebo je prostor treće dimenzije.

Treće nebo je mesto gde je smešteno nebesko kraljevstvo.

Prostor koji ima osobine trećeg neba je nazvan: „prostor treće dimenzije."

Kada je toplo i vlažno za vreme leta, mi kažemo da je to kao tropska oblast.

Ovo ne znači da se topao i vlažan vazduh u tropskoj oblasti u stvari pomerio na to mesto.

U stvari to samo znači da vreme tamo ima slične osobine kao vreme u tropskoj oblasti.

Na isti način, čak iako se neke stvari na trećem nebu dogode na prvom nebu (fizičko mesto u kojem mi živimo), to ne znači da je određeni deo prostora trećeg neba sišao do prvog neba.

Naravno, kada nebeska vojska, anđeli ili proroci putuju ka prvom nebu, kapija koja povezuje treće nebo će se otvoriti.

Baš kao što astronauti moraju da nose svemirsko odelo da bi hodali po mesecu ili da bi se kretali po svemiru, kada bića sa trećeg neba siđu na prvo nebo, oni moraju da „obuku" prostor treće dimenzije.

Neki od patrijarha u Bibliji su takođe iskusili treće nebo. To su obično slučajevi kada su im se anđeli ili anđeli GOSPODA pojavili i pomogli im.

Petar i Pavle oslobođeni zatvora

Dela Apostolska 12:7-10 govore: „I gle, anđeo Gospodnji pristupi, i svetlost obasja po sobi, i kucnuvši Petra u rebra probudi ga govoreći: „Ustani brže." I spadoše mu verige s ruku. A anđeo mu reče: „Opaši se, i obuj opanke svoje. I učini tako. I reče mu anđeo: „Obuci haljinu svoju, pa hajde za mnom." I izišavši iđaše za njim, i ne znaše da je to istina što anđeo činjaše, nego mišljaše da vidi utvaru. A kad prođoše prvu stražu i drugu i dođoše k vratima gvozdenim koja vođahu u grad, ona im se sama otvoriše; i izišavši prođoše jednu ulicu, i anđeo odmah odstupi od njega."

Dela Apostolska 16:25-26 govore: „A u ponoći behu Pavle i Sila na molitvi i hvaljahu Boga; a sužnji ih slušahu; a ujedanput tako se vrlo zatrese zemlja da se pomesti temelj tamnički; i odmah se otvoriše sva vrata i svima spadoše okovi."

Ovo su bili događaji gde su Petar i apostol Pavle bili zatvoreni bez ikakve greške, samo zato što su prorovedali jevanđelje. Oni su bili proganjani dok su propovedali jevanđelje, ali nisu se ni malo žalili. Umesto toga oni su slavili Boga i radovali se nad činjenicom da su mogli da pate za ime Gospoda. Pošto su njihova srca bila prikladna u skladu sa pravdom trećeg neba, Bog je poslao anđele da ih oslobode. Čvrsta građa ili kapije od gvožđa nisu predstavljale problem anđelima.

Danilo je preživeo lavlji kavez

Kada je Danilo bio prvi ministar persijskog carstva, neki od onih koji su bili ljubomorni na njega, pravili su planove za njegovo uništenje. Kao posledica toga, on je bačen u lavlji kavez. Ali Danilo 6:22 govori: „Bog moj posla anđela Svog i zatvori usta lavovima, te mi ne naudiše; jer se nađoh čist pred Njim, a ni tebi care, ne učinih zla." Ovde: „Bog moj posla anđela Svog i zatvori usta" „lavovima" znači da je njega prekrio prostor trećeg neba.

U nebeskom kraljevstu na trećem nebu, čak i životinje koje su svirepe na zemlju, kao što su lavovi, nisu nasiline već su veoma krotke. Tako da, pravi lavovi na ovoj zemlji će takođe postati krotki kada ih prostor trećeg neba prekrije. Ali ako se prostor uzdigne, oni će se vratiti njihovim prvobitnim osobinama Danilo 6:24 govori: „Potom zapovedi car, te dovedoše ljude koji behu optužili Danila, i baciše u jamu lavovsku njih, decu njihovu i žene njihove; i još ne dođoše na dno jami, a lavovi ih zgrabiše i sve im kosti potrše."

Danilo je bio zašićen od Boga zato što nije imao ni jedan greh. Zli ljudi su pokušavali da pronađu razloge da bi ga optužili, ali nisu mogli ni jedan da pronađu. Takođe, on se molio čak i kada je njegov život bio ugrožen. Sva njegova dela biula su prikladna u skladu sa pravdom treće dimenzije i iz ovog razloga, prostor treće dimenzije prekrio je lavlji kavez i Danilo nije bio ni malo povređen.

A vi šta mislite ko sam Ja?

„Ti si Hristos, Sin Boga Živoga.“
Ako date priznanje vere
iz dubine vašeg srca,
to će biti dozvoljeno sa vašim delima.
Bog blagosilja one koji daju takvo priznanje.”

Važnost priznanja sa usnama

Petar je hodao po vodi

Petar je dobio ključeve neba

Razlog zbog kojeg je Petar primio neverovatan blagoslov

Praktikujte Reč ako verujete u Isusa kao u vašeg Spasitelja

Primiti odgovor pred Isusom

Primanje odgovora kroz priznanje sa usnama

Reče im Isus: „A vi šta mislite ko sam Ja?" A Simon Petar odgovori i reče: „Ti si Hristos, Sin Boga Živoga." I odgovarajući Isus reče mu: „Blago tebi, Simone sine Jonin, jer telo i krv nisu to tebi javili, nego Otac Moj koji je na nebesima. „A i Ja tebi kažem, ti si Petar, i na ovom kamenu sazidaću crkvu Svoju, i vrata paklena neće je nadvladati. „I daću ti ključeve od carstva nebeskog: i šta svežeš na zemlji biće svezano na nebesima, i šta razrešiš na zemlji biće razrešeno na nebesima."

(Jevanđelje po Mateju 16:15-19)

Neki venčani parovi retko kažu: „Volim te," u toku celog njihovog bračnog života. Ako ih upitamo, oni bi mogli reći da je srce važno i da oni to ne moraju da govore sve vreme. Naravno, srce je važnije od prostog priznavanja usnama.

Bez obzira na to koliko puta kažemo: „Volim te," ako ne volimo našim srcem, reči su beskorisne. Ali ne bi li bilo bolje da možemo da priznamo ono što imamo u našem srcu? Duhovno, to je isto.

Važnost priznanja sa usnama

Poslanica Rimljanima 10:10 kaže: „...jer se srcem veruje za pravdu, a ustima se priznaje za spasenje."

Naravno, ono što ovaj stih ističe je da verujemo našim srcem. Mi ne možemo biti spašeni samo priznanjem sa naših usana: „Ja verujem," već verom iz srca. Ipak, i dalje se kaže da moramo da priznamo našim usnama ono što verujemo u našem srcu. Zašto?

To je zato da nam se kaže važnost naših dela koja slede priznanje usnama. Oni koji priznaju da veruju, ali učine to samo njihovim usnama bez vere u njihovim srcima, ne mogu pokazati dokaze njihove vere, a to su njihova dela ili dela vere.

Ali oni koji zaista veruju u srcu i priznaju njihovim usnama, pokazuju dokaze njihove vere njihovim delima. Naime, oni čine ono što nam Bog kaže da činimo, ne čine ono što nam Bog kaže da ne činimo, zadržavaju ono što nam Bog kaže da zadržimo i odbacuju ono što nam Bog kaže da odbacimo.

Zbog toga Jakovljeva Poslanica 2:22 kaže: „Vidiš li da vera

pomože delima njegovim, i kroz dela svrši se vera." Jevanđelje po Mateju 7:21 takođe govori: „Neće svaki koji Mi govori: „Gospode, Gospode" ući u carstvo nebesko; no koji čini po volji Oca Mog koji je na nebesima." Naime, pokazano je da mi možemo biti spašeni samo ako pratimo Božju volju.

Ako priznate vašu veru koja dolazi iz srca, to će biti praćeno delima. Onda, Bog ovo smatra istinskom verom i odgovoriće i voditi vas putem blagoslova. U Jevađelju po Mateju 16:15-19, mi vidimo Petra koji je primio toliko neverovatan blagoslov kroz priznanje vere, koje je došlo iz dubina njegovog srca.

Isus je pitao učenike: „A vi šta mislite ko sam Ja?" Petar odgovori: „Ti si Hristos, Sin Boga Živoga." Kako je on mogao učiniti tako čudesno priznanje vere?

U Jevanđelju po Mateju, poglavlje 14, mi čitamo o situaciji kad je Petar učinio iznavredno priznanje vere. To je kad je Petar hodao po vodi. Za čoveka da hoda po vodi nema objašnjenja po ljudskom shvatanju. Isus koji hoda po vodi je samo po sebi neverovatno, a brzo privlači pažnju i to kada je i Petar hodao po vodi.

Petar je hodao po vodi

U to vreme, Isus se molio sam u planinama, i u sred noći, On je prišao Njegovim učenicima koji su bili na lađi koja je bila razbijena talasima. Učenici su mislili da je On duh. Zamislite samo, u tamnoj noći da vam neko prilazi usred mora! Učenici su vikali od straha.

Isus reče: „Ne bojte se, Ja sam, ne plašite se." A Petar je odgovorio: „Gospode, ako si Ti, reci mi da dođem k Tebi po vodi." Isus odgovori: „Hodi!" a onda je Petar izašao sa broda, hodao po vodi i išao prema Isusu.

Petar je mogao da hoda po vodi, ali to nije bilo zato što je njegova vera bila savršena. Mi ovo možemo razumeti iz činjenice da se on plašio i da je počeo da tone kada je video vetar. Isus je posegao za njim i uhvatio ga i rekao: „Maloverni, zašto se posumnja?" Ako ne savršenom verom, kako je onda Petar mogao da hoda po vodi?

Iako to nije moglo biti učinjeno njegovom verom, on je verovao Isusu, Božjem Sinu u njegovom srcu i priznao Ga, da bi u tom trenutku mogao da hoda po vodi. Ovde mi možemo shvatiti nešto vrlo važno: važno je priznati usnama kada verujemo u Gospoda i priznati Njega.

Pre nego što je Petar hodao po vodi, on je priznao: „Gospode, ako si Ti, reci mi da dođem k Tebi po vodi." Naravno, mi ne možemo reći da je ovo priznanje bilo kompletno. Da je on verovao u Gospoda 100% u njegovom srcu, on bi priznao: „Gospode, ti možeš sve. Kaži mi da dođem k tebi na vodi."

Ali, pošto Petar nije imao dovoljno vere da da čvrsto priznanje iz dubine njegovog srca, on je rekao: „Gospode, ako si Ti." On je u neku ruku tražio potvrdu. Ipak, Petar se razlikovao od drugih učenika na brodu rekavši ovo.

On je priznao njegovu veru čim je prepoznao Isusa, dok su drugi učenici vikali od straha. Kada je Petar poverovao i priznao Njega za Gospoda iz dubine njegovog srca, on je mogao da iskusi tako čudesnu stvar, koja nije mogla biti učinjena samo njegovom verom i moći, a to je da hoda po vodi.

Petar je dobio ključeve neba

Kroz gore navedeno iskustvo, Petar je konačno učinio savršeno priznanje njegove vere. U Jevanđelju po Mateju 16:16, Petar je odgovorio: „Ti si Hristos, Sin Boga Živoga." Ovo je bilo drugačije priznanje od onog koje je učinio kad je hodao po vodi. Tokom Isusovog služenja, nisu svi verovali i prepoznali Ga kao Mesiju. Neki su bili zavidni i pokušali su da Ga ubiju.

Bilo je čak i ljudi koji su mu sudili i osuđivali Ga, izmišljajući lažne glasine kao što su: „On je lud," „Zaposeo ga je Velzevul," ili „Kao princ demona On je isterivao demone."

Ipak, u Jevanđelju po Mateju 16:13, Isus je pitao učenike: „Ko govore ljudi da je Sin Čovečiji?" Oni su odgovorili: „Jedni govore da si Jovan Krstitelj, drugi da si Ilija, a drugi Jeremija, ili koji od proroka." Bilo je takođe i loših glasina o Isusu, ali učenici nisu spominjali njih već su govorili samo od dobrim stvarima kako bi ohrabrili Isusa.

Sada Isus je pitao ponovo učenike: „A vi šta mislite ko sam Ja?" Prvi koji je odgovorio na ovo pitanje bio je Petar. On je odogovorio u Jevanđelju po Mateju 16:16: „Ti si Hristos, Sin Boga Živoga." Mi čitamo u stihovima koji slede da je Isus podario Petru tako blagoslovenu reč.

„Blago tebi, Simone sine Jonin, jer telo i krv nisu to tebi

javili, nego Otac Moj koji je na nebesima" (Jevanđelje po Mateju 16:17).

„A i Ja tebi kažem, ti si Petar, i na ovom kamenu sazidaću crkvu Svoju, i vrata paklena neće je nadvladati. „I daću ti ključeve od carstva nebeskog: i šta svežeš na zemlji biće svezano na nebesima, i šta razrešiš na zemlji biće razrešeno na nebesima" (Jevanđelje po Mateju 16:18-19).

Petar je primio blagoslove da postane temelj za osnivanje crkve i autoritet da pokaže stvari duhovnog prostora u ovom fizičkom prostoru. Tako se kroz Petra dogodilo mnogo čudesnih stvari kasnije; hromi ljudi su prohodavali, mrtvi su oživljavani, a na hiljade ljudi se pokajalo u isto vreme.

Takođe, kada je Petar prokleo Ananiasa i Safiru koji su prevarili Svetog Duha, oni su istog trenutka pali i umrli (Dela Apostolska 5:1-11). Sve ove stvari su bile moguće jer je apostol Petar imao autoritet da sve što veže na zemlji bude vezano na Nebesima i sve što je razrešeno na zemlji, bude razrešeno na Nebesima.

Razlog zbog kojeg je Petar primio neverovatan blagoslov

Koji je razlog zbog kog je Petar primio tako neverovatan blagoslov? Dok je bio u blizini Isusa kao Njegov učenik, on je video bezbrojna dela moći manifestovana kroz Isusa. Stvari koje nisu mogle biti urađene ljudskom sposobnošću, događale su se kroz Isusa. Stvari koje se nisu mogle naučiti pomoću ljudske mudrosti, bile su objavljene kroz Isusova usta. Šta bi onda oni koji istinski veruju u Boga i imaju dobrotu u njihovim srcima, trebalo da urade? Zar Ga ne bi prepoznali misleći: „Ovo nije sasvim običan čovek, već Božji Sin koji je sišao sa Nebesa?"

Ali videvši ovog Isusa, mnogo ljudi Ga u to vreme nije prepoznalo. Posebno prvosveštenici, sveštenici, fariseji, pisari i druge vođe nisu želeli da Ga priznaju.

A neki su bili zavidni i ljubomorni na Njega i pokušali su da Ga ubiju. I dalje su Mu drugi sudili i osuđivali Ga u njihovim mislima. Isus se osećao žalosno zbog ovih ljudi i rekao je u Jevanđelju po Jovanu 10:25-26: „Isus im odgovori: „Ja vam kazah, pa ne verujete; dela koja tvorim Ja u ime Oca svog ona svedoče za Me. Ali vi ne verujete jer niste od Mojih ovaca."

Čak i u Isusovo vreme, mnogo ljudi je sudilo i osuđivalo Isusa i pokušalo da Ga ubije. Ipak, Njegovi učenici, koji su Ga stalno posmatrali, bili su drugačiji. Naravno, nisu svi učenici verovali i proglasili Isusa za Božjeg Sina i Hrista duboko u njihovim srcima. Ali, oni su verovali i priznavali Isusa.

Petar je rekao Isusu: „Ti si Hristos, Sin Boga Živoga," i to nije bilo nešto što je čuo od nekoga ili shvatio u njegovim mislima. On je to mogao da razume jer je on video Božja dela koja su pratila Isusa i zbog toga što ga je Bog pustio da to shvati.

Praktikujte Reč ako verujete u Isusa kao u vašeg Spasitelja

Neki govore njihovim usnama: „Ja verujem," samo zato što im drugi ljudi govore da smo mi spašeni ako verujemo u Isusa i da mi možemo biti isceljeni i primiti blagoslove ako odlazimo u crkvu. Naravno, kada prvi put dođete u crkvu, šanse su da u crkvu ne dolazite zato što znate dovoljno ili zato što dovoljno verujete. Nakon što čuju da oni mogu biti blagosloveni i spašeni ako odlaze u crkvu, mnogi ljudi pomisle: „Zašto jednostavno ne probam?"

Ali bez obzira iz kog razloga dolazite u crkvu, nakon što budete videli Božja čudesna dela, vi više nikad nećete imati isto mišljenje. Ja govorim da vi ne bi trebalo da objavljujete vašim usnama da verujete ako nemate veru, već da bi trebalo da prihvatite Isusa Hrista za vašeg ličnog Spasitelja i da oslobodite Isusa Hrista drugima kroz vaša dela.

U mom slučaju, ja sam živeo potpuno drugačijim životom dok nisam upoznao živog Boga i prihvatio Isusa kao mog ličnog Spasitelja. Ja sam mogao da verujem u Boga i Isusa kao mog ličnog Spasitelja 100% u mom srcu.

Ja sam uvek priznavao Gospoda u svom životu i povinovao se Božjoj Reči. Ja nisam insistirao na mojim mislima, teorijama ili mišljenjima, već sam se samo oslanjao na samog Boga u svemu. Kao što je rečeno u Poslovicama 3.6: „Na svim putevima svojim imaj Ga na umu, i On će upravljati staze tvoje," zato što sam ja prepoznao Boga u svemu, Bog me je vodio u svim mojim putevima.

Onda sam počeo da primam neverovatne blagoslove slične onima koje je Petar primio. Kao što je Isus rekao Petru: „... i šta svežeš na zemlji biće svezano na nebesima, i šta razrešiš na zemlji biće razrešeno na nebesima." Bog je odgovorio na sve što sam verovao i tražio.

Ja sam priznao Boga i rešio se svih zala u skladu sa Božjom Rečju. Kada sam dostigao nivo posvećenosti, Bog mi je podario Njegovu moć. Kada bih položio svoje ruke na bolesne, bolesti su odlazile i oni su bili isceljeni. Kada sam se molio za one koji su imali porodične ili poslovne probleme, njihovi problemi su bili rešeni. Pošto sam priznao Boga u svemu, priznao moju veru i udovoljio Mu praktikujući Njegovu Reč, On je odgovorio na sve želje mog srca i obilno me blagoslovio.

Primiti odgovor pred Isusom

U Bibliji mi vidimo da su mnogi ljudi došli pred Isusa i da su njihove bolesti i slabosti bile isceljene ili da su njihovi problem rešeni. Među njima je bilo i nekih pagana, ali su većinu činili Jevreji koji su u Boga verovali generacijama.

Ali iako su oni verovali u Boga, oni nisu mogli sami da reše njihove probleme ili da prime odgovor samo sa njihovom verom. Oni su bili isceljeni od bolesti i slabosti i njihovi problemi su bili rešeni kada su došli pred Isusa. To je bilo zato što su oni verovali i prepoznali Isusa i pokazali dokaze za to njihovim delima.

Razlog zbog kog je tako mnogo ljudi pokušalo da izađe pred Isusa, čak i da dotakne Njegovu odeću, je zato što su oni imali veru da Isus nije bio obična osoba i njihovi problemi bi bili rešeni kad bi izašli pred Njega, iako njihova vera nije bila potpuna.

Oni nisu mogli da prime odgovore za probleme sa njihovom sopstvenom verom, ali su i dalje mogli da prime odgovor kada su verovali, priznali i izašli pred Isusa.

Šta je onda sa vama? Ako zaista verujete u Isusa Hrista i kažete: „Ti si Hrist, Sin živog Boga," onda će vam Bog odgovoriti, videvši vaše srce. Naravno, priznanje vere onih koji su odlazili u crkvu neko duže vreme treba da bude drugačije od novih vernika. To je zato što su Bogu potrebne različite vrste priznanja na usnama različitih ljudi, u skladu sa verom svakog ponaosob. Kao što se znanje četvorogodišnjeg deteta razlikuje od znanja mlade osobe, i priznanje vere mora biti takođe različito.

Ipak, vi ne možete shvatiti ove stvari sami, ili ih čuti od nekog drugog i shvatiti. Sveti Duh u vama mora vam dati razumevanje, a vi morate priznati sa nadahnućem Svetog Duha.

Primanje odgovora kroz priznanje sa usnama

U Bibliji ima mnogo ljudi koji su primili njihove odgovore priznajući svoju veru. U Jevanđelju po Luki u poglavlju 18, kada je slep čovek verovao i priznao Gospoda, stao pred Njim, priznao je: „Gospode, da progledam" (stih 41). Isus je odgovorio: „Progledaj; vera tvoja pomože ti" (stih 42), i on je odmah progledao.

Kad su oni verovali, prepoznali, došli pred Isusa i priznali sa verom, Isus se oglasio prvobitnim glasom i odgovor je bio odobren. Isus ima istu moć kao svemogući i sveznajući Bog. Ako Isus o nečemu odluči u Njegovom umu, bilo kakva bolest ili slabost će biti isceljena, a i svi problemi će biti rešeni.

Ali to ne znači da je On rešavao svačije probleme i odgovarao na svačiju molitvu. Nije ispravno u skladu sa pravednošću moliti se i blagosiljati one koji nisu verovali, prepoznali ili se uopšte nisu interesovali za Njega.

Isto tako, da je Petar verovao i prepoznao Gospoda u svom srcu, da nije priznao njegovim usnama, da li bi Isus ipak podario Petru one čudesne reči blagoslova? Isus je mogao da obeća Petru blagoslov bez da prekrši pravednost, jer je Petar verovao i priznao Isusa u svom srcu i priznao to njegovim usnama.

Ako biste želeli da učestvujete u služenju Svetog Duha kao što je Petar učinio za Isusa, vi treba da date priznanje usnama, koje dolazi iz dubine vašeg srca. Kroz takvo objavljivanje usnama koje proizilazi iz nadahnuća Svetim Duhom, ja se nadam da ćete brzo primiti i žudnje vašeg srca.

JungminJu (YoungmiYoo (Masan, Južna Koreja))

Nepozvana i nepoznata bolest koja je mene pogodila jednog dana

Sredinom januara 2005. moje levo oko je odjednom počelo da se zamračuje, a vid na oba oka je oslabio. Objekti su izgledali zamagljeno ili skoro nevidljivo. Mnogo objekata se činilo da su žuti, a prave linije su se činile zakrivljeno i talasasto. Još gore, pojavilo se povraćanje i vrtoglavica.

Doktor mi je rekao: „To je Harada bolest. Objekti izgledaju grudvasto jer se u tvojim očima nalaze male grudve." On je rekao da je uzrok bolesti još uvek nepoznat i da nije lako povratiti vid medicinskim lečenjem. Ako se tumori povećaju, mogu da pokriju očne nerve, a to može dovesti do gubitka vida. Ja sam počeo da sagledavam sebe u molitvi. Onda, ja sam postao radije zahvalan, jer bih postao arogantan da nisam imao ovaj problem.

Nakon toga, kroz molitve sveštenika Džeroka Lija a koje su se emitovale i pomoću molitve sa maramicom na kojoj se on molio,

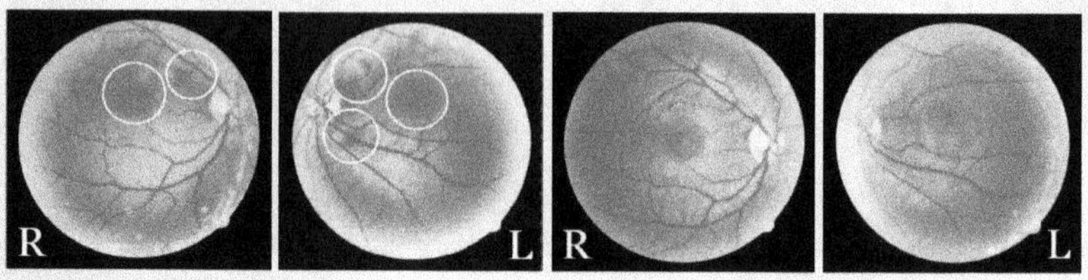

Pre molitve
Tumori nestali odmah posle molitve

moja vrtoglavica i povraćanje su prestali. „Mrtvi očni nervi, oživite! Svetlosti, uđi!“

Kasnije sam zatekao sebe kako gledam celonoćnu službu petkom na TV-u sa savršenim vidom. Titlovi su mi izgledali jasno. Mogao sam da se fokusiram na ono što sam želeo da vidim, a objekti nisu izgledali zamućeno. Boja svakog objekta je postala jasna. Ništa više nije izgledalo žuto. Aleluja!

14. februara, otišao sam na ponovni pregled da se uverim u svoje isceljenje i da slavim Boga. Doktor je rekao: „Neverovatno! Tvoje oči su normalne.“ Doktor je bio upoznat sa ozbiljnim stanjem u kom su bile moje oči i bio je iznenađen da su bile normalne. Nakon detaljnog pregleda, on je potvrdio da su tumori nestali, kao i otok. Upitao me da li sam primio medicinski tretman u drugoj bolnici. Ja sam mu jasno odgovorio: „Ne. Samo sam primio molitvu sveštenika dr. Lija i

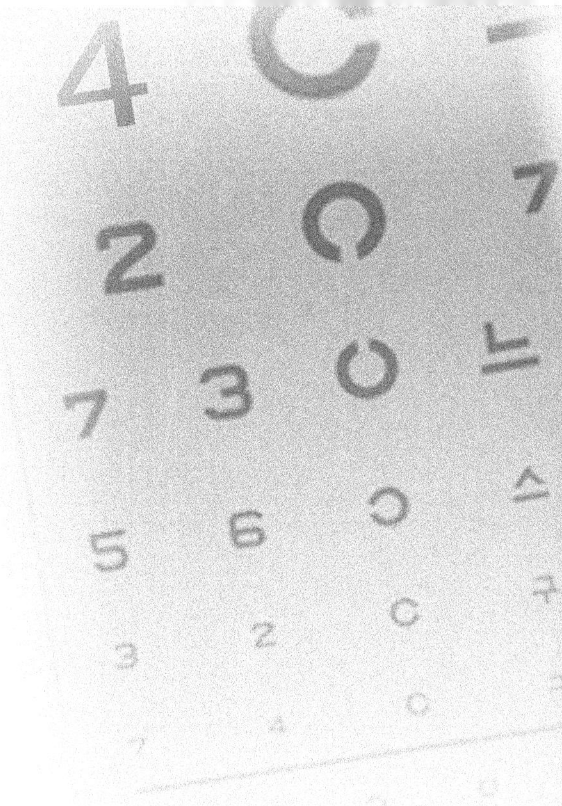

bio sam isceljen pomoću Božje moći."
Moj vid je bio 0.8/0.25 pre nego što sam primio molitvu, ali se popravio na 1.0/1.0 nakon molitve. Sada je moj vid 1.2 na oba oka.

- Odlomak iz Izvanredne stvari-

Šta hoćeš da ti učinim?

Kada je Isus rekao:
„Šta hoćeš da ti učinim?“
bilo je kao da je On viknuo prvobitnim glasom.

Primiti odgovore kroz prvobitan glas

Verujte Isusu iz dubine srca

Uzvikujte dok tražite od Boga

Savršena vera koja se ne koleba

Odbacite vaš ogrtač

Bog čuje priznanje vere

„Šta hoćeš da ti učinim?" A on reče:
„Gospode, da progledam!"

(Jevanđelje po Luki 18:41).

Čak i oni koji dođu u crkvu prvi put, mogu primiti odgovor za bilo koju vrstu problema ako samo veruju u Boga u njihovom unutrašnjem srcu. To je zato što je Bog naš Otac koji želi da da dobre stvari Njegovoj deci, kao što je zapisano u Jevanđelju po Mateju 7:11: „Kad dakle vi, zli budući, umete dare dobre davati deci svojoj, koliko će više Otac vaš nebeski dati dobra onima koji Ga mole?"

Razlog zbog kog je Bog odredio uslove da se primi odgovor po Njegovoj pravednosti jeste da bi Njegova voljena deca primila obilje blagoslova. Bog nije odredio uslove da bi rekao: „Ne mogu ti dati jer nisi ispunio standarde."

On nas uči načinima da primimo odgovor na želje našeg srca, finansijske probleme, porodične probleme ili probleme sa bolestima. I, da bismo primili takve odgovore u Božjoj pravednosti, vera i poslušnost su najvažniji.

Primiti odgovore kroz prvobitan glas

U Jevanđelju po Luki, poglavlje 18, mi čitamo o detaljima slepog čoveka koji je primio njegov odgovor kada je kroz Isusa odjeknuo prvobitan glas. On je čuo da Isus tuda prolazi dok je on prosio na ulicama, te je on viknuo glasno. „Isuse, Sine Davidov, pomiluj me." Oni koji su vodili put su mu strogo odgovorili da bude tih; ali je on nastavio da viče sve jače: „Sine Davidov, pomiluj me!"

I Isus se zaustavio i zapovedio je da on bude doveden pred Njim; i On ga je pitao: „Šta hoćeš da ti učinim?" A on reče:

„Gospode, da progledam!" A Isus mu reče: „Progledaj; vera tvoja pomože ti." Čim je Isus to izgovorio, izuzetan čin se dogodio. On je momentalno povratio njegov vid. A kada su svi ljudi to videli, oni su dali slavu Bogu.

Kada je Isus rekao: „Šta hoćeš da ti učinim?" On je odjeknuo prvobitnim glasom. Kada je slep čovek rekao: „Gospode, da progledam!" Gospod je rekao: „...vera tvoja pomože ti," bio je to prvobitan glas.

„Prvobitan glas" je glas Boga koji je odjekivao kada je On stvarao Nebesa i zemlju i sve stvari u njima Njegovom Rečju. Slepi čovek je mogao da primi vid kada se Isus oglasio prvobitnim glasom, jer je on zadovoljavao odgovarajuće uslove da primi odgovor. Odavde, ispitaćemo detalje kako je ovaj slepi čovek mogao da primi njegov odgovor.

Verujte Isusu duboko u srcu

Isus je odlazio u varoši i gradove, širio Jevanđelje o nebeskom kraljevstvu i potvrđivao Njegovu Reč znakovima i čudima koja su sledila. Onesposobljeni su prohodali, leprozni su bivali izlečeni, a oni koji su imali oštećenja vida ili sluha, mogli su da ponovo vide i čuju. Oni koji nisu mogli da govore su progovarali, a demoni su isterivani. Pošto su se vesti o Isusu nadaleko raširile, gomila ljudi se uvek skupljala oko Isusa gde god da je On išao.

Jednog dana Isus je otišao u Jerihon. Kao i obično, mnogo ljudi se skupilo oko Isusa i pratilo Ga. U to vreme, slepi čovek koji je sedeo na ulici proseći čuo je gomilu kako prolazi i upitao ljude šta se dešava. Neko mu je rekao: „Isus Nazarećanin prolazi.“ Onda je, ovaj slep čovek, bez ustezanja viknuo: „Isuse, sine Davidov, pomiluj me.“

Razlog zbog kog je on mogao ovako da vikne bio je taj što je on verovao da Isus može učiniti da on progleda. Takođe, pretpostavlja se da je on verovao da je Isus Spasitelj, shodno činjenici da je uzviknuo: „Isuse, sine Davidov.“

To je zato što su svi ljudi u Izraelu znali da će Mesija doći u porodicu Davidovu. Prvi razlog zašto je ovaj slepi čovek mogao da primi odgovor je taj što je on verovao i prihvatio Isusa za Spasitelja. On je takođe verovao bez sumnje da će Isus moći da učini da on progleda.

Iako je on bio slep i nije mogao da vidi, on je čuo mnogo novosti o Isusu. On je čuo da se pojavila osoba koja se zove Isus i On je imao tako jake moći da je On mogao da reši bilo kakav problem koji nijedan drugi čovek ne bi mogao da reši.

Kao što je u Poslanici Rimljanima 10:17 rečeno: „Vera biva od propovedanja,“ ovaj slep čovek počeće da ima veru koju će početi da prima čim progleda samo ako ode do Isusa. On je mogao da veruje u ono što je čuo jer je on imao relativno dobro srce.

Isto tako, ako mi imamo dobro srce, lakše nam je da imamo duhovnu veru kada slušamo jevanđelje. Jevanđelje je „dobra vest“, a vesti o Isusu su takođe bile „dobre vesti.“ Tako oni sa dobrim srcima jednostavno prihvataju dobre vesti. Na primer, kada neko kaže: „Ja sam izlečen od neizlečive bolesti kroz molitvu,“ oni sa dobrim srcima će se radovati zajedno sa njim. Iako oni u to ne veruju u potpunosti, oni će pomisliti: „To je zaista dobra stvar ukoliko je tačna."

Što su ljudi više zli, to oni više sumnjaju i pokušavaju da ne veruju. Neki čak i sude i osuđuju govoreći: „Oni to izmišljaju da bi obmanjivali ljude." Ali ako kažu da su dela Svetog Duha manifestovana kroz Boga laž i izmišljotina, to je bogohuljenje Svetog Duha.

Jevanđelje po Mateju 12:31-32 kaže: „Zato vam kažem, svaki greh i hula oprostiće se ljudima; a na Duha Svetog hula neće se oprostiti ljudima. I ako ko reče reč na Sina Čovečijeg, oprostiće mu se; a koji reče reč na Duha Svetog, neće mu se oprostiti ni na ovom svetu ni na onom."

Ako ste osudili crkvu koja pokazuje dela Svetog Duha, morate se pokajati. Samo onda kada se zid između vas i Boga ukloni, moći ćete da primite odgovor.

1. Jovanova Poslanica 1:9 kaže: „Ako priznajemo grehe svoje, veran je i pravedan da nam oprosti grehe naše, i očisti nas od svake nepravde." Ako imate nešto zbog čega bi trebalo da se pokajete, ja se nadam da ćete se temeljno pokajati pred Bogom sa suzama i hodati samo u Svetlosti.

Uzvikujte dok tražite od Boga

Kada je slep čovek čuo da Isus prolazi, on je jako uzviknuo: „Isuse, Sine Davidov, pomiluj me." On je uzvikovao Isusu glasno. Zbog čega je on morao glasno da uzvikuje?

Postanak 3:17 kaže: „Pa onda reče Adamu: „Što si poslušao

ženu i okusio s drveta s kog sam ti zabranio rekavši: „Da ne jedeš s njega, zemlja da je prokleta s tebe, s mukom ćeš se od nje hraniti do svog veka.““

Pre nego je prvi čovek Adam okusio sa drveta znanja dobrog i zlog, ljudi su mogli da jedu ono što im je Bog davao koliko god su hteli. Ipak, nakon što se Adam oglušio na Božju Reč i okusio sa drveta, greh je ušao u ljude i mi smo postali ljudi od mesa. Od tada smo mi mogli da jedemo samo kroz mukotrpan rad.

Ovo je pravda određena od Boga. Zbog toga, samo sa oznojenim čelom mi možemo primiti odgovore od Boga. Naime, mi se moramo mučiti u našoj molitvi svim našim srcem, razumom i dušom i uzvikivati da bismo primili odgovor.

Jeremija 33:3 kaže: „Zovi Me, i odazvaću ti se, i kazaću ti velike i tajne stvari, za koje ne znaš.“ Jevanđelje po Luki 22:44 kaže: „I budući u borenju, moljaše se bolje; znoj pak Njegov beše kao kaplje krvi koje kapahu na zemlju.“

Takođe, u Jevanđelju po Jovanu 11, kada je Isus oživeo Lazara koji je bio mrtav četiri dana, On je uzviknuo jakim glasom: „Lazare, iziđi napolje!“ (Jevanđelje po Jovanu 11:43). Kada je Isus prolio svu Njegovu vodu i krv i izdahnuo Njegov poslednji dah na krstu, vukavši jakim glasom On je rekao: „Oče, u ruke Tvoje predajem duh Svoj“ (Jevanđelje po Luki 23:46).

Zbog toga što je On došao na ovu zemlju u ljudskom telu, čak je i bezgrešni Isus uzvikivao glasno, da bi to bilo u skladu sa Božjom pravdom. Kako onda mi, Božja stvorenja, možemo samo sedeti i moliti se na lak način bez da uzvikujemo glasno da bismo dobili odgovor na probleme koji se ne mogu rešiti ljudskom sposobnošću? Zbog toga, drugi razlog zbog kog je slepi čovek mogao da primi odgovor, bio je taj što je on glasno uzvikovao, što je bilo u skladu sa Božjom pravdom.

Jakov je primio blagoslov od Boga jer se molio dok se zglob na njegovoj butini nije dislocirao (Postanak 32:24-30). Dok nije došla kiša da okonča tri i po godine suše, Ilija se tako revnosno molio sa glavom između kolena (1. Knjiga Kraljevima 18:42-46). Mi možemo primiti odgovor brzo, tako što ćemo dotaći Božje srce kada se molimo svom našom snagom, verom i ljubavlju.

Uzvikovati u molitvi ne znači da mi treba da vrištimo neprijatnim glasom. Ispravne načine moljenja i način da dobijete Božji odgovor možete pogledati u knjizi „Nastavite da posmatrate i da se molite."

Savršena vera koja se ne koleba

Neki ljudi kažu: „Bog poznaje i najdublji deo tvog srca, te zato ne morate uzvikivati u vašoj molitvi." Ali to nije istina. Slepom čoveku je strogo rečeno da bude tih, ali je on nastavio još glasnije uzvikuje.

On nije poslušao ljude koji su mu govorili da bude tih, već je uzvikivao još više u skladu sa Božjom pravdom sa još strastvenijim srcem. Njegova vera je u ovom trenutku bila savršena vera koja se nije mogla izmeniti. I treći razlog zbog kog je on primio odgovor je zato što je pokazao svoju veru koja je bila nepromenljiva u bilo kakvoj situaciji.

Kad su ga ljudi korili, da se slepi čovek uvredio ili da je ućutao, on ne bi dobio svoj vid. Ipak, zbog toga što je on imao tako čvrstu veru da će moći da progleda kada se sretne sa Isusom, on nije mogao da propusti taj trenutak uprkos prekorevanju ljudi. Nije bilo vreme da pokaže svoj ponos. Ili nije mogao da popusti na bilo kakve teškoće. On je nastavio da revnosno uzvikuje i konačno je dobio odgovor.

U Jevanđelju po Mateju, u poglavlju 15, je iskaz žene Hananejke koja je skromnog srca došla pred Isusa i primila odgovor. Kada je Isus otišao u Tir i Sidon, žena je došla pred Njega pitajući Ga da istera demona koji je zaposeo njenu ćerku. Šta je tada Isus odgovorio? On je rekao: „Nije dobro uzeti od dece hleb i baciti psima." Deca se odnosi na narod Izraela, a žena Hananejka na psa.

Obični ljudi bi bili vrlo uvređeni takvom primedbom i otišli bi. Ali ona je bila drugačija. Ona je ponizno tražila milost govorivši: „Da, Gospode, ali i psi jedu od mrva što padaju s trpeze njihovih gospodara." Isus je bio dirnut i rekao je: „O ženo, velika je vera tvoja; neka ti bude kako hoćeš." Njena kćer je odmah bila isceljena. Ona je primila odgovor jer je odbacila sav svoj ponos i potpuno se ponizila.

Ipak, mnogi ljudi koji dolaze pred Boga da reše neki veliki problem, jednostavno se vrate ili se ne uzdaju u Boga, samo zato što su njihova osećanja povređena nekom malom stvari. Ali ako oni zaista imaju veru da reše bilo kakav težak problem, onda sa skromnim srcem oni će nastaviti da traže od Boga Njegovu milost.

Odbacite vaš ogrtač

Kada je Isus u to vreme otišao u Jerihon, On je otvorio oči slepom čoveku, a u Jevanđelju po Marku 10:46-52, mi možemo pročitati da je Isus otvorio oči još jednom slepom čoveku. Ovaj slepi čovek bio je Vartimej.

On je takođe dozivao vičući nakon što je čuo da Isus tuda prolazi. Isus je rekao ljudima da ga dovedu, a mi moramo obratiti pažnju na ono što je on uradio. Jevanđelje po Marku 10:50 kaže: „A on zbacivši sa sebe haljine svoje, ustade i dođe k Isusu." Ovo je razlog zašto je on mogao da primi odgovor: on je odbacio svoj ogrtač i došao k Isusu.

Šta je onda duhovno značenje skriveno u odbacivanju ogrtača, što je bio jedan od uslova da se primi odgovor? Ogrtač prosjaka mora da je bio prljav i mora da je smrdeo. Ali on je bio jedino što je prosjak posedovao i čime bi zaštitio svoje telo. Ali Vartimej je imao dobro srce te nije mogao da ode pred Isusa sa prljavim i smrdljivim ogrtačem.

Isus, sa kojim je išao da se sretne, bio je tako sveta i čista osoba. Slepi čovek je znao da je Isus bio dobar čovek koji je ljudima pružao milost, lečio ih i davao nadu siromašnima i bolesnima. Tako je on poslušao glas svoje savesti koji je govorio da on ne može pred Isusa sa njegovim prljavim i smrdljivim ogrtačem. On je poslušao glas i odbacio ogrtač.

To je bilo pre nego je Vartimej primio Svetog Duha, te je on slušao glas svoje dobre savesti i povinovao mu se. Naime, on je odbacio njegovu najvredniju stvar koju je posedovao, njegov ogrtač, istog trenutka. Još jedno duhovno značenje ogrtača je naše srce koje je prljavo i koje zaudara. To je srce neistine kao što je ponos, arogancija, i druge prljave stvari.

Ovo ukazuje na to da, da bismo sreli Boga koji je sveti, mi moramo da odbacimo sve prljave i smrdljive grehe, koji su kao ogrtač prosjaka. Ako zaista želite da primite odgovor, morate slušati glas Svetog Duha kada vas Sveti Duh podseća na vaše prošle grehe. I morate da se pokajete u svakom od njih. Vi treba da slušate bez oklevanja šta vam glas Svetog Duha govori, kao što je slepi čovek Vartimej činio.

Bog čuje priznanje vere

Isus je konačno odgovorio ovom slepom čoveku koji je sa potpunim ubeđenjem vere pitao. Isus ga pitao: „Šta hoćeš da ti učinim?" Zar Isus nije znao šta je ovaj slepi čovek želeo? Naravno da je znao, ali razlog zbog kog je On ipak pitao bio je taj što mora postojati priznanje vere. To je Božja pravednost zbog koje mi moramo da damo prizanje našoj veri našim usnama da bismo primili odgovor.

Isus je pitao slepog čoveka: „Šta hoćeš da ti učinim?" jer se on susreo sa uslovima u kojima može da dobije odgovor. Kao što je rekao: „Gospode, da progledam!" to mu je bilo zagarantovano. Isto tako, ako mi ispunimo uslove u skladu sa Božjom pravednošću, mi možemo dobiti sve što tražimo.

Znate li priču oo čarobnoj Aladinovoj lampi? Navodno, ako protrljate lampu tri puta, iz lampe će izaći duh i ispuniti vam tri želje. Iako je ovo samo priča koju su izmislili ljudi, mi imamo mnogo čudesniji i moćniji ključ za odgovore. U Jevanđelju po Jovanu 15:7 Isus je rekao: „Ako ostanete u Meni i reči Moje u vama ostanu, šta god hoćete ištite, i biće vam."

Da li verujete u moć svemoćnog Boga Oca koji je svemoguć? Onda, možete prebivati u Gospodu i pustiti da Reč prebiva u vama. Nadam se da ćete biti jedno sa Gospodom kroz veru i povinovanje, tako da ćete moći hrabro izjaviti vaše želje i primiti ih kada se oglasi prvobitni glas.

G-đa. Akijo Hiruči (Akiyo Hirouchi (Maizuru, Japan))

Atrijalni septijalni defekt moje unuke je isceljen!

Početkom 2005. godine, sestre bliznakinje su rođene u našoj porodici. Ali nakon otpilike 3 meseca, druga bliznakinja je imala teškoće sa disanjem. Utvrđen joj je atrijalni septalni defekt sa rupom od 4,5 mm u srcu. Ona nije mogla da drži glavu mirno niti je mogla da sisa. Morali su da je hrane sondom kroz nos.

Bilo je kritično i pedijatar sa univerzitetske bolnice u Kjotu došao je u gradsku bolnicu u Maizuru. Telo bebe je bilo preslabo da se transportuje u univerzitetsku bolnicu koja je bila prilično udaljena. Tako je ona morala da bude lečena u lokalnoj bolnici.

Sveštenik Keontae Kim iz Osake i Maizuru Manmin crkve molio se za nju sa maramicom na kojoj se i sveštenik Džerok Li molio. Takođe, on je poslao i zahtev za molitvu glavnoj crkvi u Seulu zajedno sa njenom fotografijom.

Ja nisam bio u mogućnosti da prisustvujem bogosluženju na

internetu, pa smo snimili celonoćnu službu u petak glavne crkve u Manminu 10. juna 2005. i onda je cela porodica zajedno primila molitvu sveštenika Lija.

„Oče Bože, izleči je prevazilazeći prostor i vreme. Spusti Tvoje ruke na Miki Junu (Miki Yuna), unuku Akijo Hiruči u Japanu. Atrijalni septalni defekte, odlazi! Neka te spali vatra Svetog Duha i budi zdrava!“

Sledećeg dana, 11. juna dogodila se čudesna stvar. Beba nije mogla da diše sama, ali joj je bilo bolje i mogli su da je skinu sa respiratora.

„Pravo je čudo da se beba ovako brzo oporavila!“ Doktor je bio začuđen.

Od tada, beba je lepo napredovala. Težila je samo 2,4 kg, ali za 2 meseca od kada je primila molitvu, težila je 5 kg! Njen glas kada je plakala bio je mnogo jači takođe. Videvši ovo čudo iz prve ruke, ja sam se registrovao u glavnu crkvu Manmin u avgustu 2005. Shvatio sam da je On odobrio božansko delo izlečenja znajući da ću ja poverovati u Njega kroz čudo.

Kroz ovu milost, ja sam predano radio da osnujem Manmin crkvu u Maizuru. Tri godine nakon otvaranja, članovi crkve i ja ponudili smo Bogu da kupimo divnu zgradu za svetilište.

Danas ja obavljam dosta volonterskog rada za Božje kraljevstvo. Ja sam zahvalan, ne samo za milost izlečenja moje unuke, već i za milost Božju koja me vodi putem istinskog života.

- Odlomak iz Izvanredne stvari-

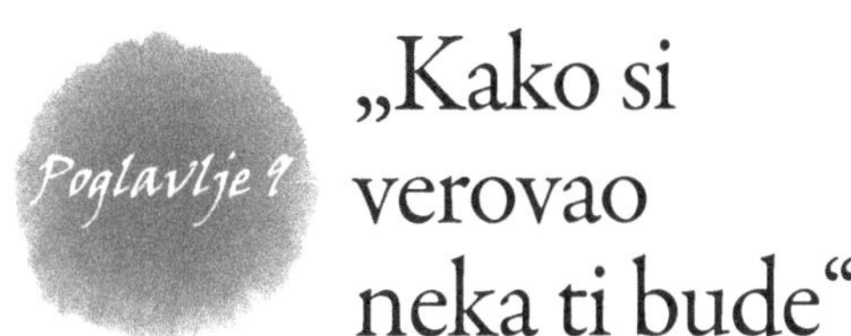

„Kako si verovao neka ti bude“

Prvobitan glas koji izlazi“
iz ustiju Isusa
prolazi kroz zemlju
dostiže kraj sveta,
i tako manifestuje Njegovu moć
koja prevazilazi vreme i prostor.

Sva bića će se povinovati prvobitnom glasu

Ljudi postaju nesposobni da čuju prvobitan glas

Razlog zbog kojeg oni ne dobijaju odgovore

Kapetan je imao dobro srce

Kapetan je iskusio čudo prevazilazeći vreme i prostor

Moćna dela koja prevazilaze vreme i prostor

„A kapetanu reče Isus: „Idi, i kako si verovao neka ti bude." I ozdravi sluga njegov u taj čas."

(Jevanđelje po Mateju 8:13).

Kada su u agoniji ili u teškoćama gde izgleda da nema izlaza, mnogi ljudi osećaju da je Bog daleko od njih ili da okreće Njegovu glavu od njih. Neki od njih čak i sumnjaju misleći: „ Da li Bog uopšte zna da sam ovde?“, ili: „Da li Bog čuje moje molitve kada se molim?“ Ovo je zato što oni nemaju dovoljno vere u svemogućeg i sveznajućeg Boga.

David je prošao kroz mnogo nevolja u životu a opet je priznao: „Da izađem na nebo, Ti si onde; da siđem u pakao, onde si. Da se dignem na krilima od zore, i preselim se na kraj mora, i onde će me ruka Tvoja voditi, i držati me desnica Tvoja“ (Psalmi 139:8-10).

Zbog toga što Bog vlada čitavim univerzumom i svim stvarima van vremena i prostora, fizička razdaljina koju ljudska bića osećaju nije uopšte od značaja za Boga.

Isaija 57:19 kaže: „Ja stvaram plod usnama: „Mir, mir onome ko je daleko i ko je blizu“ veli GOSPOD, i „isceliću ga.““(NKJV). Ovde: „Ja stvaram plod usnama,” znači da će reč data Bogu sigurno biti ispunjena, kao što je rečeno u Brojevima 23:19.

Isaija 55:11 takođe govori: „Tako će biti reč Moja kad izađe iz Mojih usta: neće se vratiti k Meni prazna, nego će učiniti šta Mi je drago, i srećno će svršiti na šta je pošaljem.“

Sva bića će se povinovati prvobitnom glasu

Bog Stvoritelj je stvorio Nebesa i zemlju Njegovim prvobitnim glasom. Tako, sve što je bilo stvoreno prvobitnim glasom, povinuje se prvobitnom glasu iako to nisu živi organizmi. Na primer, mi danas imamo uređaje sa prepoznavanjem glasa, koji reaguju samo na određeni glas. Na isti način, prvobitni glas je ugrađen u sva stvari univerzuma, tako da se oni povinuju kada se prvobitni glas oglasi.

Isus, koji je sama priroda Boga, oglašavao se takođe prvobitnim glasom. Jevanđelje po Marku 4:39 kaže: „I ustavši zapreti vetru, i reče moru: „Ćuti, prestani." I utoli vetar, i postade tišina velika." Čak i more i vetar koji nemaju uši ili život, povinuju se prvobitnom glasu. Šta bi onda mi, ljudska bića koja imamo uši i razum, trebalo da činimo? Očigledno je da se moramo povinovati. Ali onda, zašto se ljudi ne povinuju?

U primeru uređaja koji prepoznaje glas, pretpostavimo da ima stotinu ovakvih mašina. Vlasnik podešava mašine da rade kada čuju glas koji kaže: „Da." Ali neko je promenio podešavanja na 40 mašina. On je podesio ovih 40 mašina da rade kada čuju „Ne." Onda ovih 40 mašina nikad neće raditi kada vlasnik kaže: „Da." Na vrlo sličan način, otkako je Adam zgrešio, ljudi su onemogućeni da čuju prvobitni glas.

Ljudi postaju nesposobni da čuju prvobitan glas

Adam je u stvari bio stvoren kao živi duh koji je slušao i povinovao se samo Božjoj Reči, istini. Bog Otac je Adama naučio samo duhovnom znanju, što su bile reči istine, ali pošto je Bog dao Adamu slobodnu volju, na Adamu je bilo da odluči da li će se povinovati istini ili neće. Bog nije želeo dete koje je kao robot, koji bi se bezuslovno povinovao sve vreme.

On je želeo decu koja će se svojevoljno povinovati Njegovoj Reči i koja će Ga voleti istinskim srcima. Ipak, nakon dugog perioda vremena, Adam je bio iskušan od strane Sotone, te se on oglušio na Božju Reč.

Poslanica Rimljanima 6:16 kaže: „Ne znate li da kome dajete sebe za sluge u poslušanje, sluge ste onog koga slušate, ili greha za smrt, ili poslušanja za pravdu?" Kao što je rečeno, Adamovi potomci su postali robovi greha i neprijatelja đavola i Sotone, usled njegove neposlušnosti.

Oni su sada bili osuđeni da misle, govore i da deluju onako kako im Sotona naloži i oni su dodavali grehe na grehe i konačno pali u smrt. Ipak, Isus je došao na ovu zemlju u Božjem proviđenju. On je umro kao žrtva pomirenja da bi iskupio sve grešnike i On je vaskrsnuo.

Iz ovog razloga Poslanica Rimljanima 8:2 kaže: „Jer zakon Duha koji oživljava u Hristu Isusu, oprostio me je od zakona grehovnog i smrti." Kao što je rečeno, oni koji veruju u Isusa Hrista u svojim srcima i hodaju putem Svetlosti, nisu više robovi greha.

To znači da im je omogućeno da čuju prvobitni glas Boga kroz njihovu veru u Isusa Hrista. Zbog toga, oni koji čuju i povinuju se, mogu primiti odgovor na sve što traže.

Razlog zbog kojeg oni ne dobijaju odgovore

Sada, neki ljudi mogu upitati: „Ja verujem u Isusa Hrista i gresi su mi oprošteni, zašto onda nisam izlečen?" Onda, ja bih hteo da vam postavim ovo pitanje: U kojoj meri ste se povinovali Božjoj Reči iz Biblije?

Kad se izjašnjavate da verujete u Boga, zar niste voleli svetovno, varali druge, ili činili loše stvari kao i svetovni ljudi? Voleo bih da proverite da li ste ispoštovali sve svete Nedelje, davali odgovarajući desetak i povinovali se Božjim zapovestima koje nam govore šta da radimo, šta da ne radimo, šta da zadržimo ili šta da odbacimo.

Ako na ova pitanja pouzdano možete odgovoriti sa da, onda

ćete dobiti odgovor na sve što tražite. Čak i ako odgovor ne stigne odmah, vi ćete se zahvaljivati iz dubine vašeg srca i osloniti se na Boga bez kolebanja. Ako pokažete svoju veru na ovaj način, Bog neće oklevati da odobri odgovor. On će se oglasiti prvobitnim glasom i reći će: „Biće ti učinjeno jer si verovao," i biće učinjeno u skaldu sa vašom verom.

Kapetan je imao dobro srce

U Jevanđelju po Mateju, poglavlje 8, je svedočenje rimskog kapetana koji je primio odgovor kroz veru. Kada je došao Isusu, bolest njegovog sluge bila je isceljena kroz prvobitni glas koji je Isus izgovorio.

U to vreme, Izrael je bio pod vlašću Rimskog carstva. Bilo je zapovednika koji su zapovedali sa hiljadu, sto, pedeset ili deset Rimskih vojnika. Njihova titula ili rang bio je u skladu sa brojevima vojnika kojima su zapovedali. Jedan od njih koji je bio zadužen za sto vojnika, kapetan, bio je u Kapernaumu u Izraelu. On je čuo vesti o Isusu koji je podučavao ljubav, dobrotu i milosrđe.

Isus je učio u Jevanđelju po Mateju 5:38-39: „Čuli ste da je kazano: „Oko za oko, i zub za zub." A ja vam kažem da se ne branite oda zla, nego ako te ko udari po desnom tvom obrazu, obrni mu i drugi."

Takođe, On je rekao u Jevanđelju po Mateju 5:43-44: „Čuli ste da je kazano: „Ljubi bližnjeg svog, i mrzi na neprijatelja svog." A ja vam kažem, ljubite neprijatelje svoje, blagosiljajte one koji vas kunu." Oni koji su dobri u srcu će biti dirnuti kada čuju ovakve reči dobrote kao što su ove.

Ali kapetan je takođe čuo da Isus nije samo podučavao

dobrotu, već i da je izvodio znakove i čuda koji nisu bili mogući ljudskim sposobnostima. Vesti su bile, da su leprozni, koji su smatrani prokletima, bili izlečeni, slepi su progledavali, nemi su progovarali, a gluvi su mogli ponovo da čuju. Štaviše, hromi su mogli da hodaju i da skaču, a bogalji su takođe prohodavali. A kapetan je jednostavno verovao tim rečima onakve kakve su bile.

Ali različiti ljudi su različito reagovali na takve vesti o Isusu. Kada su videli Božja dela, prva vrsta ljudi nije imala razumevanja. Zbog njihovih čvrstih, na sebe usredsređenih okvira vere, umesto da prihvate i poveruju, oni pribegavali suđenju i osudi.

Fariseji i pisari, koji su imali stečena prava, bili su ovaj tip ljudi. U Jevanđelju po Mateju 12:24 zapisano je da su oni čak i govorili o Isusu, rekavši: „Ovaj drugačije ne izgoni đavola do pomoću Veelzevula kneza đavolskog." Oni su izgovarali zle reči sa njihovim duhovnim neznajem.

Druga vrsta ljudi verovala je u Isusa kao u velikog proroka i pratila Ga. Na primer, kada je Isus uzdigao mladog čoveka iz smrti, ljudi su rekli: „A strah obuze sve, i hvaljahu Boga govoreći: „Veliki prorok iziđe među nama," i „Bog pohodi narod svoj."" (Jevanđelje po Luki 7:16).

Sada, treći tip, bilo je ljudi koji su u njihovim srcima shvatali i verovali da je Isus Božji Sin koji je došao na ovu zemlju da postane Spasitelj svih ljudi. Čovek je bio slep od rođenja, ali njegove oči su progledale kad je upoznao Isusa. On je rekao: „Otkako je sveta nije čuveno da ko otvori oči rođenom slepcu. Kad On ne bi bio od Boga ne bi mogao ništa činiti" (Jevanđelje po Jovanu 9:32-33).

On je shvatio da je Isus došao kao Spasitelj. On je priznao:

„Gospode, ja verujem," i bogoslužio je Isusu. Isto tako, oni koji su imali dobro srce koje je bilo u stanju da prepozna nešto dobro, mogli su da shvate da je Isus Božji Sin samo na osnovu onoga što su videli da je Isus učinio.

U Jevanđelju po Jovanu 14:11, Isus je rekao: „Verujte Meni da sam Ja u Ocu i Otac u Meni; ako li Meni ne verujete, verujte Mi po tim delima." Da ste živeli u vreme kad i Isus, šta mislite, kojoj biste vrsti ljudi vi pripadali?

Kapetan je bio jedan od onih ljudi trećeg tipa. On je verovao u vesti o Isusu onakve kakve su bile i otišao je pred Njega.

Kapetan je iskusio čudo prevazilazeći vreme i prostor

Koji je razlog zbog kog je kapetan primio odgovor koji je hteo, odmah nakon što je čuo da Isus kaže: „Biće ti učinjeno jer si verovao?"

Mi možemo videti da je kapetan verovao Isusu u svom srcu. On je mogao da se povinuje šta god bi mu Isus rekao. Ali najvažnija stvar o ovom kapetanu je u tome što je ovaj kapetan došao pred Isusa sa istinskom ljubavlju ka dušama.

Jevanđelje po Mateju 8:6 kaže: „Gospode, sluga moj leži doma uzet, i muči se vrlo." Ovaj kapetan je došao pred Isusa i nije tražio za svoje roditelje, rođake, čak ni za svoju decu, već za svog slugu. On je preuzeo bol svog sluge kao svoj sopstveni bol i došao pred Isusa, i kako Isus ne bi bio ganut njegovim dobrim srcem?

Paraliza je ozbiljno stanje koje se ne može lako izlečiti ni najsloženijim medicinskim veštinama. Taj ne može slobodno da pomera ruke i noge, te mu je potrebna pomoć drugih. Takođe, u nekim slučajevima potrebna mu je pomoć pri kupanju, jelu ili promeni odeće.

Ako bolest postoji dugo vremena, vrlo je teško naći osobu koja može stalno da brine o bolesnoj osobi sa ljubavlju i saosećanjem, kao što stara korejanska poslovica kaže: „Nema posvećenih sinova u dugoj bolesti." Nema mnogo ljudi koji mogu da vole članove svoje porodice kao sebe same.

Ipak, ponekad kada se cela porodica ozbiljno moli za njih sa ljubavlju, mi možemo videti one koji su prešli granicu života iscelivši se ili primivši odgovor za vrlo težak problem. Njihova molitva i dela ljubavi dirnula su srce Boga Oca toliko da im Bog pokazuje ljubav koja ide van Njegove pravednosti.

Kapetan je imao tako potpuno poverenje u Isusa, da je On mogao da izleči paralizu njegovog sluge. On je upitao Isusa i primio odgovor.

Razlog zbog kog je kapetan mogao da primi odgovor, bio je taj što je on pokazao savršenu veru i voljnost da se u potpunosti povinuje Isusu.

Isus je video da je kapetan voleo svog slugu kao sebe samog i rekao mu je: „Ja ću doći da ga iscelim." Ali kapetan je rekao u Jevanđelju po Mateju 8:8: „Gospode, nisam dostojan da pod krov moj uđeš; nego samo reci reč, i ozdraviće sluga moj."

Većina ljudi bi bila vrlo srećna da im Isus dođe u kuću. Ali kapetan je hrabro tvrdio gorenavedeno jer je imao istinsku veru.

To je zato što je on imao takav stav da se povinuje šta god da mu je Isus rekao. Mi možemo da vidimo iz reči koje govori u Jevanđelju po Mateju 8:9 da: „Jer i ja sam čovek pod vlasti, i imam pod sobom vojnike, pa kažem jednom: „Idi!" i ide; i drugom: „Dođi!" i dođe; i sluzi svom: „Učini to!" i učini." Sada kada je Isus ovo čuo, On je bio zadivljen i rekao je onim sledećim: „Zaista vam kažem: ni u Izrailju tolike vere ne nađoh."

Na isti način, ako vi činite ono što nam Bog kaže da činimo, ne činite ono što nam Bog kaže da ne činimo, sačuvate ono što nam Bog kaže da sačuvamo i odbacite ono što nam Bog kaže da odbacimo, vi se možete pouzdati da tražite bilo šta pred Bogom. To je zato što 1. Jovanova Poslanica 3:21-22 kaže: „Ljubazni, ako nam srce naše ne zazire, slobodu imamo pred Bogom; i šta god zaištemo, primićemo od Njega, jer zapovesti Njegove držimo i činimo šta je Njemu ugodno."

Kapetan je imao savršenu veru u moć Isusa koji je mogao da isceljuje samo pomoću Njegove Reči. Iako je on bio kapetan Rimskog Carstva, on se ponizio i bio je voljan da se u potpunosti povinuje Isusu. Zbog ovih razloga, on je primio odgovor za svoju želju.

U Jevanđelju po Mateju 8:13, Isus je rekao kapetanu: „Idi, i kako si verovao neka ti bude" i sluga je u tom trenutku isceljen. Kada se Isus oglasio prvobitnim glasom, odgovor koji je dat je nadmašio prostor i vreme, kao što je kapetan verovao.

Moćna dela koja prevazilaze vreme i prostor

Psalmi 19:4 govore: „...ide kazivanje njihovo i reči njihove na kraj vasiljene" (Nova standardna prerađena verzija). Kao što je rečeno, prvobitan glas koji potiče iz Isusovih ustiju može da dosegne do kraja sveta a Božja moć je bila manifestvovana iznag granice prostora u skladu sa fizičkom razdaljinom.

Takođe jednom kada se prvobitni glas oglasi, on prevazilazi vreme. Zato i nakon nekog vremena, reč je ispunjena jednom kada je naša posuda spremna da primi odgovor.

Toliko mnogo dela Božje moći izvan vremena i prostora se odigravaju u ovoj crkvi. 1999. tu je bila sestra devojčice iz Pakistana koja mi je došla sa slikom njene sestre koja se zvala Sintija. U to vreme, Sintija je umirala zbog suženja debelog creva i zbog celijakije.

Doktor je rekao da su šanse za preživljavanje male čak i ako je operišu. U toj situaciji, Sintijina starija sestra je došla k meni sa slikom njene sestre da primi moju molitvu. Od trenutka kad sam se molio za Sintiju, ona se vrlo brzo oporavila.

U oktobru 2003., žena pomoćnika sveštenika iz naše crkve, došla je da primi moju molitvu sa slikom njenog brata. Njen brat je imao problem sa brojem trombocita koji su se smanjivali. On je krvario preko mokraće, stolice, očiju, nosa i usta. Krv je takođe bila prisutna i u plućima i crevima. On je samo čekao na smrt. Ali kada sam se ja pomolio sa mojim rukama na njegvoj slici, broj trombocita se brzo povećao, a on se vrlo brzo oporavio.

Ovakva dela izvan vremena i prostora su se dešavala u velikom broju u ruskom pohodu održanom u St. Petersburgu u novembru 2003. Pohod je emitovan preko 12 satelita u više od 150 zemalja Rusije, Evrope, Azije, Severne Amerike i Latinske Amerike. Emitovanje je uključivalo Indiju, Filipine, Australiju, SAD, Honduras i Peru. Takođe, istovremeno su održavani javni sastanci u 4 druga grada u Rusiji, i u Kijevu u Ukrajini.

Bilo da su ljudi prisustvovali ovim sastancima ili ih gledali od kuće na TV-u, oni koji su slušali poruku i primili molitvu sa verom, primili su isceljenje u isto vreme i poslali su nam njihova svedočenja mejlom itd. Iako oni nisu bili u istom fizičkom prostoru kada se prvobitni glas oglasio, glas je delovao na njih takođe jer su oni bili zajedno u istom duhovnom prostoru.

Ako imate istinsku veru i voljni ste da se povinujete Božjoj Reči, pokazujete istinska dela ljubavi kao kapetan i verujete u Božju moć koji dela nadmašujući vreme i prostor, vi možete živeti blagoslovenim životom, primajući odgovore na sve što tražite.

Za vreme održavanja dvonedeljnih učestalih posebnih službi preporoda, koji su se održavali 12. godina od 1993. do 2004., ljudi su bivali isceljeni od različitih vrsta bolesti i primali su rešenja za različite životne probleme. Drugi su bivali vođeni ka putu spasenja. Ipak, Bog nas je naterao da prestanemo sa ovim službama preporoda nakon službe preporoda 2004. godine. To je bilo zbog još većeg skoka napred.

Bog mi je dozvolio da započnem nove duhovne studije i počeo je da mi objašnjava drugu dimenziju duhovne stvarnosti. U početku nisam mogao da razumem na šta se tačno mislilo. To su bili totalno novi termini takođe. Ali ja sam se samo povinovao i počeo sam da ih učim verujući da ću jednog dana razumeti.

Pre oko 30. godina, ja sam primio Božju moć kroz mnogo molitvi i postova koje sam ponudio od kako sam postao pastor. Morao sam da se borim sa sa ekstremno toplim i hladnim tokom 10, 21, 40 dana posta i moljenja Bogu.

Ali duhovna učenja koja mi je Bog dao bila su neuporedivo bolniji trening nego ti napori. Morao sam da pokušam da razumem stvari za koje nikad ranije nisam čuo i morao sam da se molim kao Jakov na reci Javok dok ih nisam razumeo.

Štaviše, morao sam i da trpim različite fizičke uslove mog tela. Kao što bi astronaut morao da bude vrlo dobro utreniran da bi se prilagodio na život u svemiru, različite stvari su se dešavale u mom telu dok nisam dostigao dimenziju koju je Bog želeo da dostignem.

Ali ja sam prevazišao svaki trenutak sa mojom ljubavlju i verom u Boga i konačno sam stekao duhovno znanje o poreklu Boga Oca, o zakonu ljubavi i pravdenosti, kao i o mnogim drugim.

Dodatno, što sam bio bliže dimenziji koju je Bog želeo da dostignem, moćna dela su se sve više i više događala. Brzina kojom su članovi crkve primali blagoslove se povećavala, kao i brzina događanja božanskih isceljenja. Bilo je sve više svedočenja svakog dana.

Bog želi da ispunimo Njegovo proviđenje na kraju vremena sa najvišom i najvećom moći koju čovek ne može ni da zamisli. Iz ovog razloga On nam je dao ovu moć, da bi se Veliko Svetilište izgradilo kao barka spasenja koja će proklamovati Božju slavu i odneti jevanđelje nazad u Izrael.

Izuzetno je teško propovedati jevanđelje u Izraelu. Oni tamo ne dozvoljavaju okupljanje hrišćana. To može biti urađeno samo pomoću neverovatne Božje moći, koja čak može i uzdrmati svet, a to je dužnost data našoj crkvi, da propoveda jevanđelje u Izraelu.

Samo se nadam da ćete shvatiti da je vreme vrlo blizu da nam Bog otkrije sve Njegove krajnje planove, pokušajte da se ukrasite kao neveste Gospoda i učinite da sve ide dobro po vas, čak i ako vaša duša prosperira.

Primeri iz Biblije 3

Moć Božja koja poseduje četvrto nebo

Četvrto nebo je prostor isključivo za prvobitnog Boga. To je mesto za Trojedinog Boga i tu je sve moguće.
Stvari nastaju ni iz čega. Dok Bog gaji nešto u Njegovom srcu, to je učinjeno. Čak i čvrsti objekti se slobodno mogu pretvoriti u tečnost ili gas.
Prostor sa takvim karakteristikama se naziva „prostor četvrte dimenzije.“

Dela koja koriste ovaj duhovni prostor četvrte dimenzije uključuju dela stvaranja, kontrolisanja života i smrti, isceljenja i druga dela koja nadmašuju vreme i prostor. Božja moć koja poseduje četvrto nebo se danas manifestuje kao što je i juče.

1. Dela stvaranja

Dela stvaranja je stvoriti nešto prvi put što nikad ranije nije postojalo. Bilo je to delo stvaranja kada je Bog stvorio Nebesa i zemlju i sve stvari u njima na početku samo pomoću Njegove Reči. Bog može pokazati dela stvaranja jer On poseduje četvrto nebo.

Dela stvaranja manifestvovana od strane Isusa

Pretvaranje vode u vino u Jevanđelju po Jovanu, poglavlje 2, delo je stvaranja. Isus je bio pozvan na venčanje, a nestalo je vina.
Mariji je bilo žao ove situacije te je upitala Isusa za pomoć. Isus je prvo odbio, ali je Marija i dalje imala veru. Ona je verovala da će Isus pomoći domaćinu slavlja.
Isus je priznao Marijinu savršenu veru, te je rekao slugama da napune posude sa vodom i da ih odnesu glavnom konobaru. On se nije molio niti zapovedao da se voda pretvori u vino. On je to samo gajio u Njegovom srcu i voda se u šest sudova u trenutku pretvorila u visoko-kvalitetno vino.

Dela stvaranja kroz Iliju

Udovica Sareptu u 1. Knjizi Kraljevima u poglavlju 17, bila je u veoma teškoj situaciji. Usled duge suše, zalihe hrane su joj nestale i ostalo joj je samo šaka brašna i malo ulja.
Ali Ilija joj je tražio da polomi parče hleba i da mu ga da, govoreći: „Jer ovako veli GOSPOD Bog Izrailjev: „Brašno se iz zdele neće potrošiti niti će ulja u krčagu nestati dokle ne pusti GODPOD dažda na zemlju““ (1. Knjiga Kraljevima 17:14). Udovica se povinovala Iliji bez pogovora.
Kao rezultat toga, ona i Ilija su u njenom domaćinstvu jeli mnogo dana, a zdela sa brašnom se nije ispraznila, niti se ispraznila posuda sa uljem (1. Knjiga Kraljevima 17:15-16). Ovde, šaka brašna i ulje u zdeli koji se nisu ispraznili ukazujuna dela stvaranja.

Dela stvaranja kroz Mojsija

U Izlasku 15:22-23, mi nalazimo da su sinovi Izraela prešli Crveno more i došli u pustinju. Tri dana su prošla, a oni nisu uspevali da nađu vodu. Našli su vodu na mestu koje se zove Mera, ali voda je bila gorka i nije bila pitka. Oni su počeli glasno da se žale.
Sada se Mojsije molio Bogu, a Bog mu je pokazao drvo. Kad je Mojsije drvo ubacio u vodu, voda je postala slatka i pitka. To nije bilo zbog toga što je drvo imalo neke elemente koji su mogli da izvuku gorak ukus iz vode. To je Bog pokazivao delo stvaranja koje se manifestovalo kroz Mojsijevu veru i povinovanje.

Lokalitet slatke vode Muan

Muan Manmin crkva iskusila je dela stvaranja

Bog nam i danas pokazuje dela stvaranja. Slatka voda Muana je jedno takvo delo. 4. marta 2000. ja sam se molio u Seulu da se slana voda u crkvi Muan Manmin pretvori u slatku vodu, a članovi crkve su potvrdili da je na molitvu odgovoreno sledećeg dana, 5. marta. Muan Manmin crkva je okružena morem i tu se nalazila samo slana voda u bunaru. Morali su da dovedu pijaću vodu kroz cev iz mesta koje je 3 km udaljeno. To je bilo vrlo nezgodno.

Članovi Muan Manmin crkve su zapamtili događaj u Meri iz knjige Izlaska i zamolili su me da se molim sa verom da se slana voda pretvori u slatku. Tokom moje 10-dnevne molitve u planini od 21. februara, ja sam se molio za crkvu Muan Manmin. Članovi Muan Mnmin crkve takođe su postili i molili se za istu stvar.

Tokom moje molitve u planini ja sam se fokusirao samo na molitve i na Božju Reč. Moj napor i vera članova crkve Muan Manmin ispunili su uslove Božje pravednosti, te se takvo neverovatno delo stvaranja manifestovalo.

Duhovnim očima, jedan je sposoban da vidi zrak svetlosti sa Božjeg trona koji silazi čak dole do kraja cevi bunara, tako da kad slana

voda prođe kroz zrak, zrak je pretvori u slatku vodu.
Ali slatka voda Muana nije samo pitka. Kada je ljudi piju ili je koriste sa verom, oni primaju božansko isceljenjei odgovore na probleme u skladu sa njihovom verom. Postoji bezbroj svedočenja ovakvih dela kroz slatku vodu Muana i mnogo ljudi širom sveta posećuje ovaj bunar crkve Muan Manmin.
Slatku vodu Muana testirala je američka agencija za hranu i lekove, a njena bezbednost i dobar kvalitet je potvrđen u pet kategorija: sastav minerala, sadržaj teških metala, hemijskih ostataka, reakcija na koži i toksičnost na eksperimentalnim miševima. Ona je posebno bogata u mineralima, a njen sadržaj kalcijuma je tri puta veći nego u drugim poznatim mineralnim vodama iz Francuske i Nemačke.

FDA (Agencija za hranu i lekove) rezultati testova

2. Kontrolisati život

U prostoru četvrte dimenzije, koja ima osobine četvrtog neba, nečemu mrtvom se može podariti život, ili se nešto živo može usmrtiti. To se odnosi na sve što ima život, na biljke ili životinje.
Bio je to slučaj Aronove motke koja je iznikla. Bila je pokrivena prostorom četvrte dimenzije. Tako je u jednom danu suva motka iznikla, izbacila pupoljke, proizvela cvetove i rodila zrele bademe. U Jevanđelju po Mateju 21:19, Isus je rekao drvetu smokve koje nije imalo plodove: „da nikad na tebi ne bude roda do veka." I odjednom je drvo smokve uvenulo. Ovo je takođe bilo učinjeno kada je drvo pokrio prostor četvrte dimenzije.
U Jevanđelju po Jovanu, poglavlje 11, mi čitamo o iskazu Isusa koji je oživeo Lazara koji je bio mrtav četiri dana i već zaudarao. U slučaju Lazara, ne samo da je njegova duša morala da se vrati već i njegovo telo koje se već raspadalo, moralo je da bude potpuno obnovljeno. Ovo je bilo fizički nemoguće, ali je njegovo telo moglo da se oporavi u trenutku u prostoru četvrte dimenzije.

U centralnoj crkvi Manmin, brat koji se zvao Keonwi Park izgubio je vid u potpunosti na jednom oku, ali je ponovo progledao. On se podvrgnuo operaciji katarakte kad je imao tri godine. Usledile su komplikacije i on je patio od ozbiljnog uveitisa i ablacije mrežnjače. Ako se retina odvoji, ne možete da vidite kako treba. Štaviše, on je patio i od očne pitijaze, što je smanjivanje očnih jabučica. Konačno je 2006.u potpunosti izgubio vid na levom oku.
Ali u julu 2007.on je primio njegov vid kroz moju molitvu. Njegovo levo oko nije bilo osetljivo ni na svetlost, a sada je mogao da vidi. Očna jabučica koja se smanjila, povratila je svoju normalnu veličinu.
Vid na njegovom desnom oku je takođe bio loš, 0,1 na skali, ali se poboljšao na 0,9. Njegovo svedočenje sa svim medicinskim i bolničkim dokumentima je bilo prikazano na 5. Internacionalnoj konferenciji hrišćanskih lekara održanoj u Norveškoj. Konferenciju je posetilo 220 profesionalaca iz 41 zemlje. Njegov slučaj je izabran za najinteresantniji među mnogim drugim slučajevima koji su bili predstavljeni.

Ista stvar se može dogoditi i za druga tkiva i nerve. Iako su nervi ili ćelije mrtvi, oni ponovo mogu postati normalni ako ih prostor četvrte dimenzije pokrije. Fizički invaliditeti se takođe mogu popraviti u prostoru četvrte dimenzije. Druge bolesti izazvane bacilima ili virusima kao što je SIDA, tuberkuloza, prehlada ili

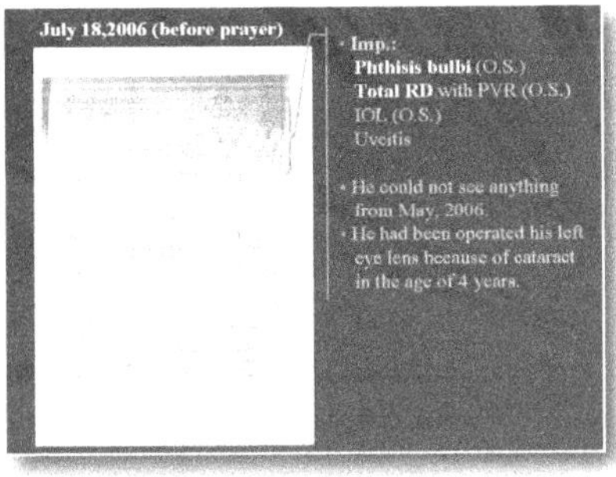

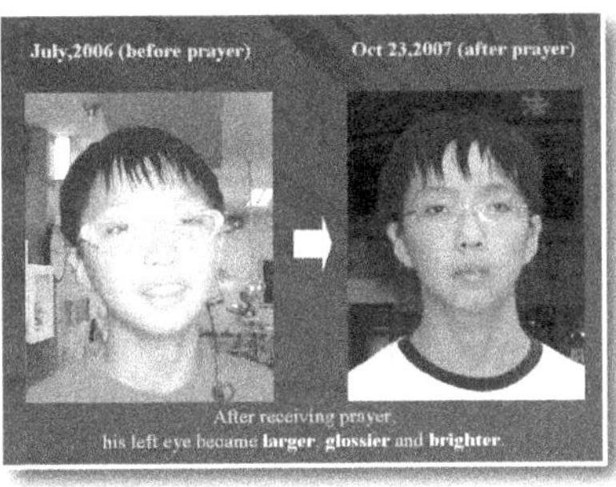

Slučaj Keonvi Park (Keonwi Park) predstavljen je na 5. WCDN Konferenciji.

groznica, mogu biti isceljene u prostoru četvrte dimenzije.

U takvim slučajevima, vatra Svetog Duha silazi dole i spaljuje bacile ili viruse. A oštećena tkiva će se oporaviti u prostoru četvrtog neba, i to je potpuno isceljenje. Čak i problem neplodnosti, ako se organ ili deo koji ima problem popravi u prostoru četvrte dimenzije, može se dobiti dete. Da bismo bili isceljeni od bolesti ili slabosti pomoću Božje moći u prostoru četvrte dimenzije, mi moramo da zadovoljimo uslove Božje pravednosti.

3. Dela koja prevazilaze vreme i prostor

Moćna dela koja se dešavaju u prostoru četvrte dimenzije manifestuju se nadmašivanjem vremena i prostora. To je zato što prostor četvrte dimenzije sadrži i prekoračuje sve prostore drugih dimenzije. Psalmi 19:4 govore: „...po svoj zemlji ide kazivanje njihovo i reči njihove na kraj vasiljene..." (NRSV) To znači da će reči Boga koje borave na četvrom nebu, stići do kraja sveta.
Čak i dve tačke na velikoj udaljenosti na prvom nebu, fizičkoj stvarnosti, su kao da su jedna pored druge u konceptu prostora četvrte dimenzije. Svetlost putuje oko Zemlje sedam i po puta u sekundi. Ali Svetlost Božje moći može dostići kraj univerzuma za samo trenutak. Zbog toga, razdaljina u fizičkoj stvarnosti nema značaja ni ograničenja u prostoru četvrte dimenzije.
U Jevanđelju po Mateju poglavlje 8, kapetan je pitao Isusa da isceli njegovog slugu. Isus je rekao da će ući u njegov dom ali kapetan je rekao: „Gospode, nisam dostojan da pod krov moj uđeš; nego samo reci reč, i ozdraviće sluga moj." Tako da je Isus rekao: „Idi, i kako si verovao neka ti bude." I ozdravi sluga njegov u tom času.
Zbog toga što Isus poseduje prostor četvrtog neba, bolesna osoba koja je bila na udaljenom mestu bila je isceljena na samu Isusovu zapovest. Kapetan je primio takav blagoslov jer je pokazao savršenu veru u Isusa. Isus je takođe hvalio veru kapetana govorivši: „Zaista vam kažem, ni u Izrailju tolike vere ne nađoh."

Čak i danas, za onu decu koja su ujedinjena sa Bogom kroz savršenu veru, Bog pokazuje dela moći koja nadmašuju vreme i prostor.

Sintija u Pakistanu je umirala od celijakije. Lisije u Izraelu je umirao od virusne infekcije. Ali oni su bili izlečeni kroz moć molitve koja nadmašuje vreme i prostor. Robert Johnson u Sjedinjenim Državama je takođe primio isceljenje kroz moć molitve koja nadmašuje vreme i prostor. Njegova Ahilova tetiva je pukla i on nije mogao da hoda zbog jakog bola. Bez bilo kakvog medicinskog tretmana on se potpuno oporavio samo pomoću moći molitve koja nadmašuje vreme i prostor. Ovo je delo moći koja se manifestuje u prostoru četvrte dimenzije.

Izuzetna dela koja se manifestuju kroz maramice su takođe dela koja nadmašuju vreme i prostor. Čak i sa prolaskom vremena, dokle god je vlasnik maramice odgovarajući pred očima Boga, moć sadržana u njoj ne nestaje. Zbog toga, maramica na kojoj se molilo je vrlo dragocena, jer može otvoriti prostor četvrte dimenzije bilo gde.

Ali ako neko upotrebi maramicu na sraman način bez vere, neće biti nikakvog Božjeg dela. Nije u pitanju samo onaj koji se moli sa maramicom, već i onaj za koga se moli treba da bude u skladu sa pravednošću. On mora da veruje da maramica sadrži Božju moć bez ikakve sumnje.

U duhovnoj stvarnosti, sve stvari se čine tačno i precizno u skladu sa pravednošću. Tako, vera osobe koja se moli i za koju se moli se precizno meri, te će se Božje delo manifestovati u skladu sa tim.

4. Upotreba duhovnog prostora

Isus Navin 10:13 govori: „...I stade sunce nasred neba i ne naže k zapadu skoro za ceo dan." To se dogodilo kad se Isus Navin borio protiv Amorejaca dok je osvajao zemlju Hananeja. Kako se vreme na prvom nebu može zaustaviti na jedan dan?
Dan je period vremena da se Zemlja jednom okrene oko svoje ose. Zato, da bi vreme stalo, i rotacija Zemlje mora da stane. Ali ako rotacija Zemlje stane, to bi imalo katastrofalne efekte ne samo na Zemlju, već i na druga nebeska tela. Onda, kako vreme može da stane na jedan dan?
To je bilo moguće jer ne samo Zemlja, već je sve na prvom nebu bilo u toku vremena duhovnog kraljevstva. Tok vremena na drugom nebu je brži nego na prvom nebu, a tok vremena na trećem nebu je brži nego na drugom nebu. Ali tok vremena na četvrtom nebu može biti i brži i sporiji nego na drugim nebima. Drugim rečima, tok vremena na četvrtom nebu može slobodno varirati u skladu sa Božjim namerama, jer On to gaji u svom srcu. On može produžiti, skratiti ili zaustaviti sam tok vremena.
U slučaju Isusa Navina, celo prvo nebo je bilo pokriveno prostorom četvrte dimenzije, a vreme je produžavano po potrebi. U Bibliji mi možemo videti još jedan iskaz kada je tok vremena bio skraćen. To je bio slučaj kada je Ilija brže trčao od kočija kralja u 1. Knjizi Kraljevima, poglavlje 18.
Skraćivanje toka vremena je suprotno od produženog toka vremena. Ilija je trčao svojom brzinom, ali zbog toga što je tok vremena bio skraćen, on je mogao brže da trči od kraljevske kočije. Dela stvaranja, oživljavanje mrtvih i dela koja nadmašuju vreme i prostor se čine u toku vremena koje je stalo. Zato se u fizičkom svetu određeno delo odmah učini na zapovest ili ako se gaji u srcu.

Pogledajmo šta je bilo slično „teleportaciji" Filipa, u Delima apostolskim, poglavlje 8. On je bio vođen Svetim Duhom da se stretne sa etiopijskim evnuhom na putu koji se spušta od Jerusalima ka Gazi. Filip je propovedao Jevanđelje o Isusu Hristu i krstio ga sa vodom. Onda se Filip odjednom pojaviou gradu Azot. To je bila vrsta „teleportacije.“

Da bi se ova teleportacija dogodila, jedan je morao da prođe kroz duhovni prolaz koji se formira u prostoru četvrte dimenzije, koja ima osobine četvrtog neba. U ovom prolazu tok vremena je zaustavljen i zbog toga čovek može preći udaljenost istog trenutka.

Ako možemo da koristimo ovaj duhovni prolaz, mi možemo kontrolisati čak i vremenske uslove. Na primer, pretpostavimo da postoje dva mesta na kojima ljudi pate od suše i poplava. Ako se kiša na poprištu poplave može poslati na mesto suše, problem oba mesta bio bi rešen. Čak i da se tajfuni i uragani pomeraju kroz duhovne prolaze na mesto koje je nenaseljeno, to ne bi izazvalo nikakav problem. Ako koristimo duhovni prostor, mi možemo kontrolisati ne samo tajfune, već i vulkanske erupcije i zemljotrese. To je kao da pokrijemo vulkan ili poreklo zemljotresa duhovnim prostorom.

Ali sve ove stvari su moguće samo ako je odgovarajuće u skladu sa Božjom pravednošću. Na primer, da bi zaustavili prirodnu katastrofu koja utiče na celu naciju, odgovarajuće je za lidere zemlje da zatraže molitvu. Takođe, čak i ako se duhovni prolaz formira, mi ne možemo u potpunosti ići protiv pravednosti prvog neba. Efekti duhovnog prostora će biti ograničeni do mere gde prvo nebo neće pretrpeti haos nakon što se duhovni prostor podigne. Bog upravlja svim nebima pomoću Njegove moći i On je Bog ljubavi i pravednosti.

(Kraj)

Autor:
Dr. Džerok Li

Dr. Džerok Li je rođen u Muanu, Džeonam provinciji, Republika Koreja, 1943. godine. U svojim dvadesetim, Dr. Li je sedam godina patio od mnoštva neizlečivih bolesti i iščekivao smrt bez nade za oporavak. Međutim jednog dana u proleće 1974. god, njegova sestra ga je odvela u crkvu i kad je kleknuo da se pomoli, živi Bog ga je momentalno izlečio od svih bolesti.

Od trenutka kad je Dr. Li sreo živog Boga kroz to divno iskustvo, on je zavoleo Boga svim svojim srcem i iskrenošću, a u 1978. god., je pozvan da bude sluga Božji. Molio se revnosno uz nebrojene molitve u postu kako bi mogao jasno da razume volju Božju, u potpunosti je ispuni i posluša Reč Božju. Godine1982. je osnovao Manmin centralnu crkvu u Seulu, Koreja i bezbrojna dela Božja uključujući čudesna isceljenja, znaci i čuda se ot tada dešavaju u njegovoj crkvi.

U 1986. god. Dr. Li je zaređen za pastora na godišnjem Zasedanju Isusove Sungkjul crkve Koreje i četiri godine kasnije u 1990.god. njegove propovedi su počele da se emituju u Australiji, Rusiji i na Filipinima. U kratko vreme i u mnogim drugim zemljama, preko Radio difuzne kompanije Daleki Istok, Azija radio difuzne kompanije i Vašingtonskog hrišćanskog radio sistema.

Tri godine kasnije, 1993. god., Manmin centralna crkva je izabrana za jednu od "Svetskih top 50 crkava" od strane magazina Hrišćanski svet (Christian World) a on je primio počasni doktorat bogoslovlja od Koledža hrišćanske vere, Florida, SAD i 1996. god. Doktorat iz Službe od Kingsvej teološke bogoslovije, Ajova, SAD.

Od 1993.god., dr. Li prednjači u svetskoj evangelizaciji kroz mnogo inostranih pohoda u Tanzaniji, Argentini, Los Anđelesu, Baltimoru, Havajima i Nju Jorku u Sjedinjenim Američkim Državama, Ugandi, Japanu, Pakistanu, Keniji, Filipinima, Hondurasu, Indiji, Rusiji, Nemačkoj, Peruu, Demokratskoj Republici Kongo, Izraelu i Estoniji.

U 2002. godini bio je priznat kao „svetski obnovitelj“ zbog njegovih snažnih sveštenićkih službi u mnogim prekomorskim pohodima od strane hrišćanskih novina u

Koreji. Izvanredan je bio njegov „Njujorški pohod 2006. god" održan u Medison skver gardenu, najpoznatijoj svetskoj areni. Događaj je prenosilo 220 nacija a na njegovom „Pohodu ujedinjeni Izrael 2009. god." održanom u Međunarodnom kongresnom centru (ICC) u Jerusalimu on je hrabro oglasio da je Isus Hrist Mesija i Spasitelj.

Njegove propovedi emitovane su za 176 nacija putem satelita uključujući GCN TV i bio je svrstan kao jedan od top 10 najuticajnijih hrišćanskih vođa 2009. i 2010. godine od strane popularnog Ruskog hrišćanskog časopisa U pobedu (In Victory) i nove agencije Hrišćanski telegraf (Christian Telegraph) za njegovu moćnu svešteničku službu TV emitovanja i njegove inostrane crkveno pastorske službe.

Od Decembra 2016 god., Manmin Centralna Crkva ima zajednicu od preko 120 000 članova. Postoji 11000 ogranaka crkve širom planete uključujući 556 domaćih ogranaka crkve i do sad više 102 misionara su opunomoćena u 23 zemlje, uključujući Sjedinjene Države, Rusiju, Nemačku, Kanadu, Japan, Kinu, Francusku, Indiju, Keniju i mnoge druge.

Do datuma ovog izdanja Dr. Li je napisao 105 knjiga, uključujući bestselere: Probanje Večnog života pre smrti, Moj život Moja vera I & II, Poruka sa krsta, Mera vere, Nebo I & II, Pakao i Moć Božja. Njegove knjige su prevedene na više od 76 jezika.

Njegove Hrišćanske rubrike se pojavljuju u Hankok Ilbo, JongAng dnevniku, Dong-A Ilbo, Munhva Ilbo, Seul Šinmunu, Kjunghjang Šinmun, Hankjoreh Šinmun, Korejski ekonomski dnevnik, Koreja glasnik, Šisa vesti, i Hrišćanskoj štampi.

Dr. Li je trenutno na čelu mnogih misionarskih organizacija i udruženja. Pozicije uključuju: Predsedavajući, Ujedinjene svete crkve Isusa Hrista; predsednik, Manmin svetska misija; stalni predsednik, Udruženje svetske hrišćanske preporodne službe; osnivač i predsednik odbora, Globalna hrišćanska mreža (GCN); osnivač i član odbora, Mreža svetskih hrišćanskih lekara (WCDN); i osnivač i član odbora, Manmin internacionalna bogoslovija (MIS).

Druge značajne knjige istog autora

Raj I & II

Detaljna skica predivne životne okoline u kojoj rajski stanovnici uživaju i prelepi opisi različitih nivoa nebeskih kraljevstva.

Poruka sa Krsta

Moćna probuđujuća poruka za sve ljude koji su duhovno uspavani! U ovoj knjizi naći ćete razlog da je Isus jedini Spasitelj i iskrenu ljubav Božju.

Pakao

Iskrena poruka celom čovečanstvu od Boga, koji ne želi da ijedna duša padne u dubine Pakla! Otkrićete nikad do sad otkriveni iskaz o okrutnoj stvarnosti Nižeg Hada i Pakla.

Duh, Duša i Telo I & II

Vodič koji nam daje duhovno objašnjenje duha, duše i tela i pomaže nam da pronađemo kakvog „sebe“ smo mi načinili da bi mogli da dobijemo moć da pobedimo mrak i postanemo duhovna osoba.

Mera Vere

Kakvo mesto stanovanja, kruna i nagrade su spremne za vas na nebu? Ova knjiga obezbeđuje mudrost i smernice za vas da izmerite vašu veru i gajite najbolju i najzreliju veru.

Probuđeni Izrael

Zašto Bog upire Svoje oči na Izrael od početka sveta pa do današnjeg dana? Kakvo Njegovo proviđenje je spremljeno za Izrael u poslednjim danima, koji očekuje Mesiju?

Moj Život, Moja Vera I & II

Najmirisnija duhovna aroma izvučena iz života koji je cvetao sa neuporedivom ljubavlju za Boga, u sred crnih talasa, hladnih okova i najdubljeg očaja.

Moć Božja

Obavezno-pročitati, koja služi kao suštinski vodič po kojem čovek može posedovati pravu veru i iskusiti čudesnu moć Božju.

www.ingramcontent.com/pod-product-compliance
Lightning Source LLC
LaVergne TN
LVHW010431230826
846092LV00009BA/1121

* 9 7 9 1 1 2 6 3 1 2 1 3 9 *